Was ist Zen?

Irmgard Schloegl

Was ist Zen?

Geschichte, Wesen und Praxis einer großen geistigen Tradition des Ostens

O. W. Barth Verlag

Einzig berechtigte Übersetzung aus dem
Englischen von Heike Böbel.

1. Auflage 1995

Titel der Originalausgabe: «The Zen Way».

Schutzumschlag von Gerhard Noltkämper.

Inhalt

Einführung

Der Zen-Weg ist ein buddhistischer Weg und als solcher ist er der Weg des Buddha. Der Buddhismus gehört zwar zu den sogenannten «großen Weltreligionen», aber er unterscheidet sich grundlegend von den westlichen Religionen. Tatsächlich scheint er aus ihrer Sicht überhaupt keine Religion zu sein.

Am ehesten kommt man dem Buddhismus nahe, wenn man sich über die Grundvoraussetzungen der eigenen Religion und den dadurch bedingten kulturellen Hintergrund klar wird, der weitgehend unsere Art zu denken geprägt hat.

Christentum, Judentum und Islam sind «Buch»-Religionen, das heißt, ihre Lehren und Glaubensaussagen wurden ein für allemal von Gott geoffenbart, der als alleiniger Schöpfer über seiner Schöpfung steht, sie also transzendiert. Zugang zu ihm und Erlösung durch ihn sind nur möglich durch völligen Gehorsam seinen Geboten gegenüber und durch den Glauben an die geoffenbarten Dogmen, die das «Buch» ausmachen. Er kann seine Geschöpfe retten oder auf ewig verdammen.

Diese Vorstellungen sind dem Buddhismus und allen östlichen Systemen fremd. Wie auch immer ihre

Glaubenssätze formuliert sein mögen, es gibt keinen alleinigen und allmächtigen Schöpfer-Gott, der auch nur einen Menschen auf ewig retten oder verdammen könnte. Eines solchen Gottes bedarf es in den östlichen Religionen auch gar nicht, da diese ein unpersönliches, allumfassendes Gesetz postulieren, das allen Dingen innewohnt. Dieses Gesetz besitzt alle Attribute des Göttlichen, ist jedoch unveränderlich und nicht wie in den theistischen Religionen personalisiert. Es ist nicht getrennt vom Geschaffenen, Sichtbaren, es ist vielmehr sein Urgrund, sein Wesen. Den Dingen innewohnend, geht es den Dingen nicht voraus und ist nicht ihr Schöpfer, es *handelt* nicht – es *ist*!

Obwohl der Buddha als Verkörperung des Prinzips der Erleuchtung zum Mythos wurde, war er ein ganz normaler Mensch, der durch eigene Anstrengung aus dem Traum der Täuschung unserer nicht hinterfragten, aber verkehrten Vorstellungen erwachte und den Rest seines Lebens damit zubrachte, den WEG all jene zu lehren, die den Wunsch hatten, ihm zu folgen.

Wie also sehen die Grundlehren des Buddha-Weges aus? Nichts ist von Dauer. Was einen Anfang hat, muß notwendigerweise auch ein Ende haben. Obwohl dies eine offensichtliche Tatsache ist, wollen wir es nicht wahrhaben. Wir sehnen uns nach dem, was wir lieben, und wenn wir es bekommen, hängen wir uns daran und möchten es nicht wieder loslassen. Oder wir wehren uns gegen das Ungeliebte, als ob es ewig währen und nicht vorübergehen würde. Und das gilt nicht nur für alles Dingliche, sondern auch für Menschen und Ansichten, Meinungen und Ideale. Da wir selten haben können, was wir wollen, sind wir voller Ach und Weh, wir wünschen uns, was wir nicht haben, und weisen zurück, was wir haben. Kurz gesagt, wir leben subjektiv in einer Welt unserer eigenen Vorstellung, in der wir hierhin und dorthin getrieben werden und selten zufrieden sind. Der tatsächliche Unruhestifter, sagt der Buddha, ist das eigene egoistische Ich, das an meinem Willen festhält, an meinen Wünschen, daran, wie ich es gern hab, wie ich es möchte, was ich nicht ertragen kann, die ganze Skala, die das Ich aufwirft. Und weiterhin sagt er, daß dieses Ich bestenfalls eine Kette von Erinnerungen ist. Für sich selbst genommen ist es unwirklich, nicht existent. Um dies zu veranschaulichen, gebraucht er den Vergleich mit einem Wagen. Ein Wagen ist weder Karosserie noch Räder, auch nicht Achse, sondern die Zusammensetzung dieser Teile, die einfachheitshalber als Wagen bezeichnet werden. Jenseits dieser richtig zusammengefügten Bestandteile gibt es kein solches Ding.

Die Schulung auf einem buddhistischen Weg besteht in der Hauptsache darin, das Ich in seine einzelnen Bestandteile aufzulösen, um sie dann in einer dem wahren Menschsein näherkommenden Weise neu zusammenzufügen.

Warum dies so außerordentlich wichtig ist, macht das Bild vom «Rad des Daseins» deutlich, auf dem wir uns im Kreise drehen, nur von uns selbst daran gebunden, und von dem wir uns daher auch wieder befreien können. Was nun der Buddha lehrte, ist diese Befreiung vom Sich-im-Kreis-Drehen. Das ist seine Botschaft über die Zeiten hinweg. Sie wird nicht durch bloßen Glauben an seine Worte erreicht, denn der ist nutzlos, sondern dadurch, daß man seinem Beispiel folgt und selbst den Weg geht, den er uns gewiesen hat.

Nach buddhistischer Lehre besteht dieses «Rad des Daseins» (der Wandlung) aus sechs verschiedenen Bereichen. Ihre jeweilige Bewohnerzahl ist nicht konstant. Der Aufenthalt in einem dieser Bereiche wird als das Ergebnis willentlicher Handlungen betrachtet. Ist die Energie dieser Verkettung erschöpft, wird eine Zugkraft wirksam, die in einen neuen, angemesseneren Zustand befördert. Das kann sowohl für die Dauer mehrerer Leben als auch für nur momentane Zustände gelten. Das «Hoch» eines himmlischen Gefühls zum Beispiel erschöpft sich und macht dann einem entsprechenden «Tief» voller Trübsinn Platz. So drehen wir uns endlos auf diesem Rad – zumindest sieht es so aus. Dieser Prozeß reguliert sich selbst und bedarf keiner höheren Autorität, die belohnt oder straft. Das Gesetz besteht, und man ist selbst Meister seines Schicksals. Niemand sonst ist dafür zu tadeln als man selbst, und niemand sonst kann mir auf diesem Weg helfen als die eigene, konstante Bemühung.

Das mag jemandem, der im Glauben an einen liebenden Vater groß geworden ist, hart und kalt erscheinen. Und doch fehlt im Buddhismus die Wärme nicht. Denn obgleich das Gesetz nicht personal ist, zeigt doch der Name «Allerbarmer», den man dem Buddha gab, unsere herzliche Dankbarkeit und Liebe dafür, daß er uns den Weg zur Befreiung von jenem «Rad» gewiesen hat, und die Freude, die aus der Befreiung entspringt.

Der «Himmlische Bereich» des «Rades» wird von gottähnlichen Wesen bewohnt. Aber selbst während ihres Aufenthalts dort sind sie nicht allmächtig. Und eines der Dinge, die sie nicht können, ist, irgendeinem Menschen zur Erleuchtung zu verhelfen. Das ist verständlich, da sie selbst nicht erleuchtet sind, sich nur in einem sehr angenehmen Abschnitt auf diesem Lebens-Rad befinden. Erklärtermaßen ist der Buddha ebenso ihr Lehrer wie der der Menschen, und zusammen mit allem, was existiert, feiern sie ein Freudenfest, wann immer ein Mensch zu einem Durchbruch kommt. Denn nur im Zustand des Menschseins kann Befreiung vom «Rad der Wandlung» erfolgen. Daher die Bedeutung, die dem Menschsein zukommt, und auch die Verantwortung, die der Mensch trägt. Vom dritten Stadium aus, dem der Tiere, ist lediglich eine Veränderung möglich, keine Befreiung. Was immer an Leiden auf sie zukommt, müssen sie erdulden, ohne ihm entrinnen zu können. Das Leiden erreicht seinen Höhepunkt in dem unglückseligen Zustand, der oft als Hölle bezeichnet wird, wo die Qual ohne jede Linderung immerwährend andauert. Dann ist da der Bereich der «Hungrigen Geister», deren maßlose Gier nicht befriedigt werden kann. Und schließlich gibt es den Bereich der «Kämpfenden Dämonen», mächtiger Geister voll ungestümer Heftigkeit, die sich nahezu ununterbrochen in einem Zustand der Wut befinden.

Vergleicht man dieses Bild vom «Rad des Daseins» mit einem der grundlegenden buddhistischen Begriffe, dem der «Drei Feuer (Gifte)» – Begierde, Zorn und Verblendung –, beginnt sich sein Sinn in fast erschreckender Weise zu erschließen. Kennen wir nicht alle diese Zustände? Durchwandern wir sie nicht unaufhörlich, Tag für Tag und nachts in unseren Träumen? Sehnen wir uns nicht nach Frieden und Glück, kurz, nach Befreiung, nach Wärme, nach Erfüllung? Und genau das ist es, was uns als Ziel des Buddha-Weges winkt.

Um das zu verwirklichen, lehrte der Buddha die

«Vier Edlen Wahrheiten»: 1. die Wahrheit vom Leiden, 2. die Wahrheit von der Entstehung des Leidens, 3. die Wahrheit von der Aufhebung des Leidens und 4. die Wahrheit vom Weg, der zur Aufhebung des Leidens führt, genannt der «Edle Achtfache Pfad». Anders ausgedrückt: Unser Leben ist voller Schmerz, und wir sind krank an Leib und Seele, weil es für uns aufgrund unserer tiefsitzenden Verblendung unmöglich ist, die Dinge so zu sehen, wie sie wirklich sind. Was aber eine Ursache hat, kann auch geheilt werden, wenn man die Ursache durch- und abarbeitet. Und so werden Befreiung und Erleuchtung für den möglich, der den «Edlen Achtfachen Pfad» beschreitet, wie ihn der Buddha gelehrt hat.

Der Buddhismus ist eine weltweit verbreitete Religion. Da er keinen höchsten und eifersüchtigen Gott kennt, konnte er sich immer den kulturellen Gegebenheiten der verschiedenen Länder anpassen und diese im Laufe der Zeit, bei Wahrung ihrer regionalen Besonderheiten, in seinem Sinne weiterentwickeln. Daher rührt die große Vielfalt im Ausdruck, die neben der Frömmigkeit der Gläubigen dem Reisenden, der ein buddhistisch geprägtes Land besucht, zuerst ins Auge fällt. Es ist wichtig zu betonen, daß die Struktur des Buddhismus sich in Ländern herausbildete, die sich in kultureller Hinsicht von den westlichen unterscheiden. Sie ist das Ergebnis jahrhundertelanger Entwicklung und kultureller Wechselwirkung. Als äußere Form kann sie nicht importiert werden.

So umfaßt die buddhistische Literatur eine Vielzahl von Schriften, Lehren und Kommentaren, entsprechend der jeweiligen Kultur des Landes, in dem er heimisch geworden war. Aber in erster Linie ist er eine lebendige Religion. Als solche erfüllt er zwei Aufgaben. Mit seiner «kirchlich»-institutionellen Struktur, seinen Tempeln und Schreinen, und der mönchischen Tradition des Dienstes an der Gemeinschaft hilft er dem Gläubigen, Sinn und Ziel seines Lebens zu finden, sich mit seinem Schicksal auszusöhnen und in Selbstverantwortung seinen Teil zum Gedeihen der Gemeinschaft beizutragen.

Es gibt indes noch einen anderen Aspekt, der vielleicht im Buddhismus stärker als in anderen Religionen zum Ausdruck kommt: den der Befreiung. Befreiung vom «Rad», Befreiung von jeder ichbedingten Verstrickung, Befreiung vom Ich mit seinen sich immer wiederholenden Wunsch- und Haßgefühlen, die unser Elend ausmachen.

Obwohl die Hauptlinien dieses Weges stets gleichbleiben, wurden sie doch von der jeweiligen Religion und Kultur überlagert. So kommt es zu all dem schmückenden Beiwerk, das den Weg im Rahmen des spezifischen religiösen und kulturellen Kontextes sichtbar macht. Wenn aber die religiösen und kulturellen Werte selbst verfallen, auf die sich diese Ausformungen beziehen, neigen die Formen dazu zu erstarren, und werden dann bereits für den Weg selber gehalten. Das ist wie mit einem Weg, der nicht mehr begangen wird. Schon bald verschwindet er als solcher und wird wieder Teil der Landschaft, die ihn umgibt. Was übrigbleibt, sind vielleicht noch ein paar Spuren.

Wir im Westen haben unser eigenes spirituelles Erbe vertan und sind nun gezwungen, nach einem Ersatz Ausschau zu halten. Denn ob wir es wissen oder nicht, wir brauchen etwas, um die innere Leere zu füllen, etwas, das uns wertvoll erscheint. Andernfalls füllt sie sich selbst – mit den Lavamassen irgendeines archaischen inneren Ausbruchs oder den Angeboten eines der Mode-Ismen. Die Natur duldet kein Vakuum, und das Herz sehnt sich nach Erfüllung. Erfüllung aber ist etwas ganz anderes als Fanatismus oder die Möglichkeit, dem eigenen Gutdünken gemäß leben zu können.

In der Erfüllung sind beide, Herz und Geist, in Frieden. Der Zwiespalt zwischen Herz und Geist, zwischen Verstand und Gefühl ist geheilt. Was das wirklich bedeutet, ist eine Sache der Erfahrung. Rein theoretisch kann man sagen, daß dabei tiefstes Verstehen oder WEISHEIT und die Wärme des Herzens oder LIEBE sich der Weite und Tiefe nach im Gleichgewicht halten und so die eigentliche Quelle kreativer Energie erschließen, die nun frei, aber durch Liebe und Weisheit gezügelt, zu wirken vermag. Die emotionale Urenergie ist umgewandelt und damit im besten Sinne des Wortes menschlich geworden.

Die Urenergie als solche ist unentwickelt, nicht menschlich. Wenn sie nicht sanft gezügelt wird, lodert sie als Begeisterung oder Haß auf, und das eine kann sich leicht ins andere verkehren. Obwohl diese Energie unsere Ganzheit anspricht und wir uns demzufolge nach ihr sehnen, fürchten wir sie auch, weil sie uns unwiderstehlich zu Handlungen hinreißt, die wir bei klarem Kopf niemals begehen könnten. Sie kann auch schöpferisch wirken, bleibt aber immer kurzsichtig, wenn nicht gar völlig blind. Und unsere Geschichte in Religion und Politik ist ein Lehrstück für ihre mögliche destruktive Seite.

Es ist von allergrößter Bedeutung, sich über diesen Unterschied im klaren zu sein. Die Energie ist immer dieselbe. Wenn sie aber in Liebe und Weisheit umgewandelt wird, streift sie ihren zerstörerischen Aspekt ab. Das kann nur durch eigene Anstrengung erreicht werden und bringt eine essentielle Änderung des Herzens mit sich.

Dieses Herz ist unser menschliches Herz. Nicht das physische Organ ist hier gemeint, sondern das, was sich in Redewendungen ausdrückt wie «Ein gutes Herz haben» oder «Ich fühle es tief im Herzen». Dieser allgemeine Sprachgebrauch sieht das Herz als Sitz von Empfindungen und Gefühlen, und in dieser Bedeutung wird der Begriff hier durchwegs gebraucht.

Ebenso wie das körperliche Organ ist dieses «Herz» mit seinen Empfindungen und Gefühlen uns allen gemein. Wir alle kennen nur zu gut die ungeheure Kraft der emotionalen Energie. Daher rühren die immer wiederkehrenden Probleme mit den Gefühlen, wenn etwa die Leidenschaft uns überkommt oder auch wieder verläßt, das heißt, wenn etwas uns überwältigt, oft gegen Vernunft und Willen. So verlangt der Weg zur Wandlung des Herzens und zur Umformung der emotionalen Energie mehr, als mein Wille leisten kann. Da wir aber alle den gleichen Emotionen unterworfen sind, besitzt der Prozeß der Energieumwandlung gemeinsame Züge, auch wenn die jeweiligen Aussagen darüber differieren.

Da der Zen-Weg zur Umwandlung des Herzens führt und wir in unserem persönlichen und kulturellen Umfeld wenig oder nichts haben, was direkt auf diese überaus wichtige Transformation hinweisen würde, soll ein Zitat von Thomas Merton zeigen, daß es beim «inneren Weg» wesentlich auf die Kenntnis der emotionalen Energie und ihre Umwandlung ankommt:

Ich glaube, wenn es eine Wahrheit gibt, die die Menschen besonders in der Welt von heute lernen müssen, so ist es die: Der Verstand ist im alltäglichen konkreten Handeln nur theoretisch unabhängig von Wunsch und Begehren; er ist vielmehr fortwährend von den Zwecken und Zielen der Leidenschaften geblendet und pervertiert, und das Bild, das er uns von sich zu präsentieren sucht, ist trotz aller Zurschaustellung von Objektivität und Unparteilichkeit voller Absicht und Propaganda. Wir haben es in der Fähigkeit der Selbsttäuschung fabelhaft weit gebracht. Und das um so mehr, als wir so viel Mühe darauf verwenden, uns von unserer absoluten Unfehlbarkeit zu überzeugen. Das Verlangen des Fleisches – und damit meine ich nicht nur sündhaftes Begehren, sondern auch den gewöhnlichen normalen Wunsch nach Komfort, Wohlbefinden und menschlicher Anerkennung – ist eine ergiebige Quelle von Irrtum und Fehlurteil jeder Art. Weil wir diese Sehnsüchte in uns haben, zeigt unser Erkenntnisvermögen (das, würde es für sich allein in einem Vakuum agieren, sicher das Gesehene mit ungetrübter Objektivität wiedergeben könnte) uns alles verzerrt und entstellt, nämlich in Einklang mit den Richtlinien unserer Wünsche.

Die Sprache bringt in bewundernswerter Weise zum Ausdruck, was den Denkprozessen zugrunde liegt. Unbewußte Vorstellungen beeinflussen unseren Verstand und führen ihn auf Abwege, gerade weil wir uns niemals die Mühe gemacht haben, das feingesponnene Netz ihrer Machtausübung zu erforschen.

Wenn ich etwas «tief im Herzen weiß», kann ich

nicht kühl und unberührt bleiben, wenn es verächtlich gemacht wird. Dabei muß dieses Etwas überhaupt nichts mit Wahrheit zu tun haben, sondern die emotionale Seite der Sache fordert «ihr Recht», beraubt uns unseres klaren Kopfes, macht uns blind und treibt uns zu entsprechenden Reaktionen. Zudem versteift man sich selten derart auf eine allgemein anerkannte Wahrheit. Kaum ein Mensch wird heftig oder verärgert reagieren, würde jemand leugnen, daß die Sonne am Morgen aufgeht oder daß es abends dunkel wird.

So wird als erstes klar, daß es hier keineswegs um Wahrheit als solche geht, sondern um *meine* Wahrheit, die, wenn sie angegriffen wird, uns mit zornesrotem Gesicht und funkelnden Augen losstürmen läßt, um «das eigene Revier» zu verteidigen.

Die elementare Wildheit in unseren emotionalen Reaktionen ist an sich weder gut noch böse, sondern lediglich zweckdienlich und hilft zum Beispiel unseren Brüdern im Tierreich zu überleben. Was in unserem Entwicklungsprozeß vernachlässigt blieb, ist eben das Zähmen und Veredeln dieser ursprünglichen Wildheit unserer Emotionen, die herkömmlicherweise mit «Blut» und «Herz» in Verbindung gebracht werden.

Einer der wichtigsten und gewöhnlich mit «Geist» übersetzten Grundbegriffe des Buddhismus würde sich vielleicht besser mit «Herz» übersetzen lassen. Obwohl Geist sowohl Gefühl als auch Vernunft und Bewußtsein beinhaltet, sind doch die Emotionen als solche – Begierde, Lust und Haß – nicht mit Geist assoziiert. Und gerade letztere sind immer ichbezogen.

So besteht der Weg der Befreiung nicht im «Trainieren des Geistes» und hat auch nichts mit intellektueller Gymnastik oder Zaubertricks zu tun. Vielmehr ist er ein Schulungsweg, der auf die *Transformation* der elementaren emotionalen Energie abzielt, *nicht* ihre Sublimierung, durch die im günstigsten Fall nur die Richtung geändert würde, statt eine grundlegende Umwandlung jener Energie selbst herbeizuführen. Daß dies auch eine echte Humanisierung dieser Energie mit sich bringt, ist offensichtlich. Und damit ist nach der buddhistischen Lehre vom «Rad der Wandlung» der Zustand des Menschseins verwirklicht – der sowohl Vorbedingung als auch Ziel der Befreiung ist als voll entwickelter Aspekt von Erkenntnis-Liebe.

Damit ist das kleine Ich, der Spielball der Emotionen, entthront. Oder besser gesagt, es gibt auf und geht auf in einer umfassenden Ganzheit. Indem es sich darin verliert, hat es seine Erfüllung gefunden.

Dieses kleine Ich, das sich so maßlos wichtig nimmt, macht uns nichts als Ärger, und doch ist es ein Vermittler, auf den wir nicht verzichten können. Es läßt sich am besten als Zwischenstation betrachten. Die Sehnsucht nach Erfüllung, die ihm innewohnt, bringt uns auf den Weg. Die Schwierigkeit liegt in seinem falschen Grundverständnis, im Buddhismus Verblendung oder Unwissenheit genannt, das heißt, daß Erfüllung für mich bedeutet, nach meinen Vorstellungen zu leben, anstatt mich loszulassen. Doch wir alle sind in Augenblicken, da wir tief bewegt sind, imstande, uns loszulassen, und gerade deshalb sind uns diese Augenblicke so kostbar. Ebenso wissen wir, daß zu Zeiten, da wir nicht an uns selbst denken, unser Tun und Handeln «großartiger» ist – jeder Künstler weiß dies sehr wohl. Zu solchen Zeiten gehe ich auf in jener Gesamtheit, in der Täter und Tat in gleicher Weise aufgehoben sind. In der Zen-Sprache heißt das: Der

Handelnde ist eins geworden mit der Handlung. Der Zen-Weg zielt auf dieses Eins-Sein, das, indem ich mein kleines Ich verliere, auch meine Erfüllung ist. Aber das Sich-Verlieren muß in Wachheit geschehen.

Wie es dazu kommt, wird in den beiden letzten Kapiteln geschildert.

Der Buddha

Der Mensch, der zum Buddha wurde, kam vor etwa 2500 Jahren auf die Welt. Sein Vater herrschte über ein kleines Reich im Himalaja. Die Legende berichtet, daß ein Weiser dem neugeborenen Thronerben prophezeite, daß er entweder ein mächtiger König und Eroberer oder ein großer Weiser werden würde. Da seinem Vater natürlich daran gelegen war, daß sein Sohn und Erbe König würde, ließ er nichts in dessen Nähe kommen, was in ihm den Wunsch nach einem religiösen Leben hätte wachrufen können. So wird uns erzählt, daß der Knabe in luxuriöser Umgebung heranwuchs und man sorgsam darauf achtete, daß er die Grenzen des Palastbereichs nicht überschritt. Dabei erhielt er die bestmögliche Erziehung, wie es seinem Stande entsprach, und er zeichnete sich in seinen Studien aus. Er wurde jung verheiratet und hatte schon einen Sohn, als er aus irgendeinem Grund – vielleicht aus bloßer Langeweile – seinen vertrauten Wagenlenker überredete, ihn in die Stadt zu fahren. Auf dieser schicksalhaften Fahrt begegnete er einem Kranken, einem Alten, einem Toten und einem Asketen. Jedesmal mußte er seinen Wagenlenker fragen, was das für Menschen seien, denn in seinem behüteten Dasein hatte er noch nie dergleichen gesehen. Wir dürfen zwar annehmen, daß er im Rahmen seiner Ausbildung von diesen Phänomenen gehört hatte, aber wie auf allen Gebieten ist es ein großer Unterschied, ob man etwas abstrakt weiß oder ob man plötzlich mit der Sache selbst konfrontiert wird.

Man kann darüber streiten, ob Prinz Gautama auch der Buddha geworden wäre, wenn er schon in früher Kindheit mit jenen unabwendbaren Tatsachen des Lebens in Berührung gekommen wäre; ob es nicht gerade sein behütetes Dasein war, das ihn aus dem Palast trieb. *Dharma* ist das unwandelbare Gesetz, dem unsere Welt unterliegt. Sein Wirken ist *Karma*. So bringen *Dharma* und *Karma* zusammen hervor, was ist, trotz aller Versuche des menschlichen Willens, etwas anderes zu erreichen oder zu vermeiden – oder vielleicht gerade deshalb. Dies ist eine der tiefgründigen, fundamentalen Aussagen des Buddhismus.

Für Prinz Gautama war die Folge dieser schicksalhaften Ausfahrt die plötzliche Entdeckung dessen, dem wir alle ins Auge sehen müssen. Und verglichen damit, erschien ihm sein verschwenderisches und angenehmes Leben im Palast als nichtig. So ließ er es hinter sich, um selbst die Lösung seines brennenden Problems zu finden.

Er tat, was zu seiner Zeit das Naheliegendste war: Er wurde Bettelmönch und suchte sich den bestmöglichen Meister. Unter ihm schulte er sich gewissenhaft, studierte die Lehren und übte strenge Askese. Sein Meister bot ihm schließlich an, sein Nachfolger zu werden, da er ihn nichts weiter lehren konnte. Aber das eigene brennende Problem war noch nicht gelöst. So nahm er Abschied von seinem Meister und schloß sich einem anderen, ebenfalls berühmten Weisen an – mit dem gleichen negativen Ergebnis. Denn obwohl ihm wieder die Nachfolge angetragen wurde, hatte er sein eigenes Problem noch nicht lösen können.

So beschloß er, allein in den Dschungel zu gehen und sich einem besonders harten Leben zu unterwerfen, in der Hoffnung, auf diese Weise eine Lösung zu finden. Davon fühlten sich einige andere Bettelmönche angezogen, alle ebenfalls ernsthaft in ihrem Streben, die ihn zu ihrem Lehrer wählten und sich ihm anschlossen. Doch obwohl Gautama in der Abgeschiedenheit lebte und sich mit wachsender Härte kasteite, war keine Lösung in Sicht. Schließlich erkannte er, ausgemergelt und krank, daß er dem Tod nahe war, ohne eine Lösung gefunden zu haben.

An diesem Punkt tat Gautama, der zum Buddha wurde, einen weiteren entscheidenden Schritt: Er beschloß, egal wie, zu einer Antwort zu kommen. Er badete im Fluß, reinigte seinen Körper und nahm die dargebotene Schale Milch an, um sich zu stärken. Daraufhin verließen ihn seine Anhänger, da er nun kein wahrer Asket mehr sei, sich vielmehr einem verweichlichten Leben hingeben würde. Er aber richtete sich einen Sitz unter dem Bodhi-Baum her und gelobte, erst wieder aufzustehen, wenn er die Antwort auf seine brennende Frage gefunden hätte.

Der Überlieferung nach erschien an diesem Punkt Mara, der Versucher – die Verkörperung des destruktiven Prinzips –, um den werdenden Buddha zu Fall zu bringen. Dabei trat er in verschiedenen Maskierungen auf, deren Reihenfolge von symbolischer und psychologischer Bedeutung ist. Als erstes machte er Gautama Vorwürfe, indem er auf die menschlichen und kulturellen Werte hinwies. Er drängte ihn, zurückzukehren und seinen Pflichten als Sohn und Thronerbe, als Ehemann und Vater nachzukommen. Dabei warf er ihm vor, aus selbstsüchtigen Motiven davongelaufen zu sein und sich vor der Verantwortung drücken zu wollen. Als ihm Gautama jedoch keine Beachtung schenkte, änderte Mara seine Taktik. Er sandte seine Töchter zunächst in höchst reizvoller Gestalt, um den Asketen zu verführen. Aber auch diese beachtete Gautama nicht. Daraufhin verwandelte Mara sie in ein Heer von Dämonen, die über Gautama herfielen. Er jedoch blieb standhaft und saß ungerührt da, während der Kampf um ihn herum tobte.

Die Überlieferung beschreibt sehr anschaulich, wie danach der werdende Buddha tagelang in tiefer Versenkung dasaß und alle Dinge begannen, an ihren rechten Platz zu fallen – bis er eines frühen Morgens aufsah, den Morgenstern erblickte und zum Erwachten wurde, zum Erleuchteten, zum Buddha.

Der Weg zu dieser Verwirklichung ist der eigentliche Inhalt seiner späteren Lehren. Aber seine unmittelbare Reaktion auf dieses SEHEN waren die Worte: «Nun habe ich dich gesehen, Erbauer des Hauses. Der Firstbalken ist zerbrochen. Nie wieder wirst du neue Häuser bauen.» Gleichwohl erkannte der Buddha auch – so berichtet die Tradition –, daß das, was er geschaut hatte, weder mit Worten gelehrt noch durch die härteste Askese erreicht werden kann. Er konnte sich keinen Weg denken, auf dem das, was er gefunden hatte – die wahre Befreiung –, anderen mitzuteilen sei.

Dies machte eine weitere Einsicht notwendig, die von der Überlieferung so beschrieben wird, daß

Brahma, der Weltgeist selbst, eingriff und den Buddha darauf hinwies, daß es noch andere gab, die ebenso aufrichtig und hingebungsvoll wie er Befreiung suchten, und daß jene, deren «Augen mit nur wenig Staub bedeckt» sind, fähig seien, die Botschaft zu erfassen.

So begann der Buddha seine Lehrtätigkeit. Er selbst faßt den Inhalt seiner Unterweisung wie folgt zusammen: «Leiden lehre ich und den Weg aus dem Leiden heraus.» Diese seine Lehre wurde als «Der Mittlere Weg» bekannt, womit nicht nur ein Mittelweg zwischen Kasteiung und Verweichlichung gemeint ist; vielmehr birgt diese Bezeichnung einen weit tieferen Sinn in sich. Oberflächlich betrachtet kann das leicht mißverstanden werden, als ginge es darum, sich vom Leiden abzuwenden und vor ihm davonzulaufen. Aber genau dies tat der Buddha nicht. Auch könnte ein solches Vorgehen niemals Hilfe bringen. Den Mittleren Weg geht man dann, wenn man bereit ist, den eigenen Problemen offen ins Auge zu schauen, sie anzunehmen, auszuhalten und zu durchleiden. Man geht ihn, wenn man geradewegs mitten durch das Leiden hindurchgeht, bis man am anderen Ende herauskommt, wo die Augen offen sind und klar sehen. Eben das tat der Buddha.

Diese kleine Skizze vom Weg des Buddha basiert auf Schriften, mündlichen Überlieferungen und Legenden. Alle diese Quellen richten ihr Augenmerk auf die wichtigen Lebensabschnitte und Übergangsstadien. Wenn wir uns mit dem Zen-Weg befassen, tun wir gut daran, den Weg des Buddha im Auge zu behalten und ihn tief im Herzen zu bedenken. Äußere Übereinstimmung ist leere Imitation, die nichts bringt.

Gleich zu Anfang ist da der junge Prinz. Er wächst behütet und wohlversorgt mit allem auf, wird standesgemäß erzogen, ist vertraut mit dem Wissen seiner Zeit und in den königlichen Sportarten geübt. Da stellt sich unweigerlich die Frage, wie es möglich war, einen solchen Menschen innerhalb der Mauern eines Palastbezirks zu halten. Dann, als Folge seines Wagemuts, brachen plötzlich die Wahrheiten des Lebens über ihn herein, und er konnte ihnen nicht länger ausweichen – was ihn vor ein persönliches Problem von solchem Ausmaß stellte, daß es ihn veranlaßte, den Palast zu verlassen und eine Antwort zu suchen. Der Tradition seiner Zeit folgend, suchte er die besten Meister auf, die es gab, und bewährte sich unter ihrer Führung. Alles, was sie geben konnten, hat er ausgeschöpft und sich angeeignet. In keinem Punkt entzog er sich der Schulung – das ist unbedingt zu beachten. Er war kein verantwortungsloser Aussteiger. Aber all diese Mühen und Anstrengungen brachten ihm nicht die Antwort, die er suchte. Deshalb, so wird berichtet, intensivierte er seine asketischen Übungen, bis er schließlich dem Tod nahe war. Und doch war seine Grundfrage noch nicht beantwortet.

Hier handelt es sich um einen entscheidenden, wichtigen Zustand. Ohne gewaltige Anstrengung und heldenhaften Einsatz kommt es nicht dazu – und nebenbei bringt so etwas auch einiges an Ansehen mit sich. Aber wenn man mit lauterem Herzen unverrückbar am Ziel festhält, fällt nach und nach alles, was man bisher besaß oder was man für wertvoll hielt, von einem ab – bis hin zu völliger Nacktheit. Und die Erfahrung zeigt, daß nur, wenn man derart bloß und wahrhaft arm ist, ein Zugang zu wirklicher Erleuchtung möglich ist – und ohne Schaden gewagt werden kann.

So fand sich der Buddha an diesem Punkt aller Dinge beraubt, die ihm durch Geburt oder eigene Bemühung zuteil geworden waren. Er war nicht länger Prinz, Erbe und künftiger Regent eines Königreichs, nicht länger der überragende Schüler und mögliche Nachfolger zweier berühmter Meister. Sogar seine wenigen Gefährten hatten ihn, einen unwürdigen Asketen, verlassen. Er hatte nichts mehr, das er hätte verlieren oder an dem er hätte festhalten können. In dieser Nacktheit – bar und ledig aller Dinge – setzte er sich unter den Bodhi-Baum.

Als Mara, der Versucher, erschien, um ihn von seinem Vorhaben abzubringen, wie hätte da ein Mensch, wie hätte irgendein Ich diesem geballten Angriff standhalten können? Der Schwächling erliegt diesem unwiderstehlichen Zauber, der alle Register zieht, von Treue und Pflichterfüllung über die Aussicht auf Macht und Größe bis hin zu Wollust und Entsetzen. Deshalb sind Nacktheit und Versunkenheit so wichtig. Wenn alles Äußere abgefallen und man völlig absorbiert ist, gibt es kein Ich mehr, und so kann auch Mara nichts finden, worauf er Einfluß nehmen oder was er in seine Macht bringen könnte. Das ist die Botschaft dieses Stadiums – und sie ist erschütternd. Ebenso erschütternd aber ist, daß solch tiefe Versunkenheit noch nicht das Erwachen, sondern lediglich ein Vorstadium ist. Erleuchtete Klarheit kommt hernach, wenn man daraus auftaucht. Das Ich ist verschwunden, und damit hat «eine Wende im tiefsten Grunde des Bewußtseins» stattgefunden, ein wahrer Wandel des Herzens, das für Mara anfällig war und jetzt seine wilde und urtümliche Energie abgestreift hat. Ist diese Energie transformiert, erscheint sie als Wärme des Herzens und als Klarheit des Sehens. Das heißt, den «Erbauer des Hauses» – das Ich – wirklich sehen. Und es heißt auch, schier verzweifelt zu begreifen, daß man diese Erfahrung anderen nicht weitergeben kann, weil sie einfach nicht mitteilbar ist.

Deshalb nimmt die Natur selbst, der Weltgeist, die Sache in die Hand und ermahnt in der Verkörperung von Brahma den Erwachten, sich der suchenden Gefährten anzunehmen, die aufgrund ihres eigenen Strebens aufnahmefähig geworden und «deren Augen mit nur wenig Staub» bedeckt sind.

Was nun sah der Buddha, und wer ist der Erbauer des Hauses?

Bis zu einem gewissen Grad können wir das seiner Lehre entnehmen. Was er SAH, als er aus dem Traum oder der Verblendung, das heißt der Ichverfangenheit, erwachte, ist, daß alle Dinge sind, wie sie sind; daß sie weiterhin immerwährendem Wandel unterworfen sind – dem ständigen «Werden und Vergehen». Daher klammert sich der Mittlere Weg an nichts, noch sträubt er sich gegen irgend etwas. Damit wird alles klar. Wer also ist der Erbauer des Hauses?

Aus einem sehr engen Blickwinkel erscheint er als der Erbauer des leiblichen Hauses. Dann wird Befreiung als Freiwerden vom «Rad des Daseins» verstanden, von *Samsāra*. Die Wiedergeburten hören auf, und das wird dem Verlöschen, *Nirvāna*, gleichgesetzt. Eine derart eingeschränkte Sicht steht aber keineswegs in Einklang mit den Grundlagen der buddhistischen Lehre. Die tiefe Spaltung zwischen Geist und Materie ist dem Buddhismus fremd. Eines der drei Kennzeichen des Seins ist Nicht-Ich. Und was ausgelöscht wird, sind nicht die Wiedergeburten der Leibeshülle, sondern der irrtümliche Glaube, daß da ein Ich existiert. Genau das geschieht in der Erleuchtung.

Der Buddhismus betrachtet den Geist als der Materie inhärent, nicht als getrennt von ihr. Daraus folgt, daß es nicht um ihre Auslöschung, sondern um Entwicklung geht, um Veränderung, grundlegende Umwandlung. Darauf weist diese Formulierung hin. Und genau da liegt auch die Schwierigkeit. Solange wir in der Selbsttäuschung eines Ich gefangen sind, können wir uns einen ichfreien Zustand nicht vorstellen. Für das Ich ist das der Tod, Sterben.

Nicht-Ich, *Anatta*, ist nicht Gegenstand einer akademischen Erörterung, sondern eine unmittelbare, lebendige Erfahrung, die den Schleier der Verblendung von den Augen zieht, so daß man urplötzlich klar sieht. Die Veränderung geschieht im Herzen durch die Umwandlung der urtümlichen Emotionalität. Sie ist es, die den Schleier der Verblendung wirkt. Die Sprache hilft uns auch hier, solche Bilder zu verstehen. So erscheinen die Farben von Emotionen in Redewendungen wie «rot sehen» oder «blaß werden vor Schreck».

Wir benutzen die Sprache auch zur Beschönigung und Tarnung oder wie einen Zaun, der unliebsame Störenfriede draußenhält. «Ich habe ein Gefühl», ist grammatikalisch richtig. Aber tatsächlich hat das Gefühl mich. Und da es mich so gefangenhält, kann ich mich nicht einfach durch einen Willensakt von ihm befreien.

Im bisherigen Text wurde anstelle des Begriffs Ego durchwegs die Bezeichnung Ich verwendet. Diese

Wortwahl reduziert die Gefahr der Abstraktion, die das Ego zu etwas außerhalb meiner selbst, zu einem Objekt werden läßt. Das, um was es sich hier handelt, wird aber sehr existentiell und intim als Ich erlebt. Der interessierte Leser möge zur Probe dieses Ich einmal in einem ganz subjektiven Sinn lesen und sich die Wahrnehmung erlauben, daß ein Teil seiner selbst sehr wohl weiß, wovon die Rede ist, wenn über dieses persönliche Ich gesprochen wird, und daß es da noch einen anderen Teil gibt, der lieber nichts wahrnehmen möchte. Er hat sich daran gewöhnt, diese Wahrnehmung gar nicht zuzulassen, nur um nicht gezwungen zu sein zu sehen. Der Zen-Weg versucht diese beiden Teile zu transformieren und sie dann zu einer umfassenden Ganzheit, in der beide enthalten sind, zu verschmelzen.

Das Ich kann bestenfalls die Emotionen unterdrükken, aber das ist nicht heilsam. Denn einmal geleugnet, entziehen sie sich dem Bewußtsein, wachsen im «Untergrund» und entladen sich in Temperamentsausbrüchen und Launenhaftigkeit. Je mehr man diesen aber nachgibt, desto häufiger treten sie auf.

Über die emotionale Energie und ihre Umwandlung soll in den beiden letzten Kapiteln gesprochen werden. Wertfrei betrachtet ist eine Emotion ein Zufluß von Energie, die in das Ich einströmt und sein Energiepotential annähernd ausfüllt oder überschreitet. So werde ich entweder von der Emotion fortgeschwemmt (siehe auch S. 16, Zitat Thomas Merton) oder ich versuche irgendwie, des seelischen Aufruhrs Herr zu werden. In beiden Fällen ist das Vorgehen nicht hilfreich, weil man es dabei nur mit der Manifestation dieser Energie zu tun hat. Es geht aber darum, die Energie selbst umzuwandeln. Bevor man das in Angriff nehmen kann, müssen wir die Schutzwände und Zäune niederreißen, die wir um uns errichtet haben, und wir müssen so mutig sein, unsere emotionalen Verhaltensweisen tatsächlich anzuschauen.

Nehmen wir den kurzen Satz: «Ich will etwas.» Da ist ein Subjekt und ein Objekt, zusammengefügt durch ein verbindendes Verb. Normalerweise sehe ich mich getrennt von dem, was Nicht-Ich ist, das aber meine Wünsche, Bedürfnisse, Hoffnungen und Sehnsüchte durchkreuzen kann – und es oft genug auch tut. Dementsprechend betrachte ich dieses Etwas als fremd, feindlich und bedrohlich. Diese Welt, die anders ist als ich, kommt meinen kindlich-naiven Erwartungen nicht entgegen: Die Dinge sollten so sein, wie es mir paßt, sollten meiner Art, meinen Überzeugungen und Idealen entsprechen. Da *ich* auch weiß, was für mich und die Welt gut und richtig ist und ich mich zutiefst im Herzen als Nabe und Mittelpunkt der Welt fühle, ist die Position dieses Ich äußerst unsicher und verletzlich. Ich begehe nun den Fehler, dies dadurch überwinden zu wollen, daß ich die Welt in meinen Besitz zu bringen suche, um meine Position zu stabilisieren und die in mir steckende Unsicherheit zu dämpfen. Wann immer ich Widerstand erfahre oder mich herabgesetzt fühle, weckt dies – zumindest im Herzen, wenn nicht gar im Hirn – meine Angst vor dem Untergang, dem Sterben. Daher rührt die heftige und elementare Gefühlsreaktion, wenn einer meiner tiefsten Wünsche, Überzeugungen oder Glaubensinhalte bedroht oder durchkreuzt wird. Es spielt keine Rolle, wie umfassend diese Reaktion ist. Vor langer Zeit diente sie einmal dem Überleben: Bei Bedrohung kommt es sofort zu einem instinktiven Energieschub, der uns zum Handeln zwingt. Diese Wurzeln reichen tief. Und der Mechanismus als solcher ist auch kein Fehler. Wenn er aber durch die Ich-Verblendung in Gang gesetzt wird, macht er sich in Situationen bemerkbar, wo er nicht hingehört. So reagieren wir überzogen, was zu falschem Handeln oder blindwütigem Aktionismus führt.

Wie wurde nun das Ich dahinein verwoben? «Ich brauche etwas.» Der springende Punkt liegt in dem «brauchen». Ich bin nicht Bewußtsein an sich, sondern nur seine Funktion und Widerspiegelung. An sich ist das Ich neutral, gewissermaßen doppelseitig. «Ich schaue eine Blume an – eine Blume schaut mich an.» Dabei ist das Objekt bekannt und von gleicher Wertigkeit wie das Ich, also nicht verschieden vom Ich. Es stellt keine Bedrohung dar. Laurens van der Post erzählt einmal von den afrikanischen Buschmännern, die sich überall, wo sie hinkamen, bekannt, also zu Hause fühlten. Da ist keine Bedrohung, kein Entsetzen vor der Leere, keine Fremdheit, nur Vertrautsein in einer freundschaftlichen, lebendigen Umgebung. Und folglich fehlt jedes Gefühl von Einsamkeit.

Die uns zur Gewohnheit gewordene Überbetonung des Ich verzerrt diese freundliche Wechselbeziehung. Sie entfremdet das Ich vom «anderen». Dadurch wird es zu einem abgetrennten, einsamen, verunsicherten Gebilde willkürlicher Wünsche und Befürchtungen. Es fühlt sich von allem, was Nicht-Ich ist, was anders ist als ich, bedroht – ganz besonders aber von dem «ganz anderen», dem, was außerhalb der begrenzten Erfahrung des Ich liegt. Dieses «Ganz andere», auf das hier nur beiläufig eingegangen wird, übt die größte

Faszination auf das Ich aus und zwingt mehr als irgend etwas sonst dazu, sich Bilder und Vorstellungen zu machen. Ich kann mir aber unmöglich etwas «ganz anderes» vorstellen. So sind alle Bilder notwendigerweise bruchstück- und fehlerhaft. Das kommt auch in dem biblischen Gebot «Du sollst dir kein Bildnis machen» zum Ausdruck.

Man kann das Ich als eine Anhäufung von Einseitigkeiten (ein ungleich gepacktes Bündel) sehen, ohne Schwerpunkt, unsicher und immer in Gefahr, sein empfindliches Gleichgewicht zu verlieren. Natürlich ringe ich darum, so etwas wie mein Zentrum zu finden, aber das Zentrum, das ich mir vorstellen kann, ist eben aus der Grundverblendung des Ich geboren. Das ist einer der vielen Widersprüche, denen ich mich stellen und die ich durcharbeiten muß: daß die Grundverblendung zwar mein Bild von der Mitte verfälscht, gleichzeitig aber auch die Suche nach ihr kraftvoll vorantreibt. In diesem Widerspruch liegt auch die Ursache für mein unablässiges Streben nach immer mehr Macht und Besitz, um mir dadurch ein Gefühl von Sicherheit zu verschaffen. Da es aber unmöglich ist, die Welt in meinen Besitz zu bringen, wird klar, wie töricht ein solches Unterfangen ist, wie hoffnungslos der Kampf und wie irregeleitet all die Anstrengungen sind. Trotzdem, die Frage nach der wahren Natur des Ich, nach meinem Wahren Wesen, ist gestellt – die Kernfrage der buddhistischen Suche. Und außerdem hat sich gezeigt, daß zur Natur des Ich das ruhelose Suchen gehört, was im allgemeinen aber nur in der Empfindung «Ich brauche etwas» wahrgenommen wird.

«Ich brauche etwas.» Ja, dieses «Brauchen» ist ein

tiefinnerlicher Drang, ein Streben der Lebensenergie nach ganzheitlicher Erfüllung, nach bewußter Wahrnehmung ihrer selbst, nach ihrer Verkörperung, ihrem Ausdruck. Es ist das Bindeglied. Und auch die zwanghafte «Bilder-Produktion» wird verständlich. Die Tragik, aber auch die Verheißung des Menschseins ist nun, daß das kleine verzerrte Ich-Gebilde, das sich von allem, was anders ist als ich, ausgeschlossen fühlt, sich eine derart umfassende Ganzheit gar nicht vorstellen, geschweige denn ihre lebendigen Beziehungen und Wechselwirkungen leben kann. Aber befreit vom Ich gibt es das: in bewußter Klarheit leben und frei seinen zugeteilten Part spielen. Daher betont der Buddhismus die Unwirklichkeit des Ich. Es ist der Weg von der verblendeten Fehleinschätzung des Ich zum erleuchteten Erwachen der Gesamtheit dessen, was ist.

Diese Lebensenergie wird unter anderem «Buddha-Wesen» oder «Buddha-Natur» genannt. In der Nördlichen oder Mahāyāna-Schule des Buddhismus gibt es das Wort: «Das Buddha-Wesen ist die Leidenschaften und die Leidenschaften sind das Buddha-Wesen.» Es würde in die Irre führen, verstünde man das lediglich im oberflächlichen Wortsinn. Es weist vielmehr hin auf die Quelle, auf die Energie selbst. Die Elektrizität ist als solche nicht wahrnehmbar, nur ihre Auswirkungen sind es. Wir nützen sie als Licht, Wärme und Motorkraft. Ungebändigt entlädt sie sich entlang von Schwächezonen und wirkt zerstörerisch: ein Blitz, der einschlägt und tötet, oder ein defektes Stromkabel. Wir können für den Hausgebrauch Elektrizität transformieren. Aber da es sich um eine Verbündete mit großer Kraft handelt, installieren wir zu unserem Schutz Sicherungskästen.

Ebenso ist die Urenergie nur in ihren Manifestationen sichtbar. Bei uns Menschenkindern gerät das bewußte Ich mit seinen Neigungen und Vorlieben in Konflikt mit dieser Energie. Daraus ergibt sich Leiden. Dieses Leiden hätte die Kraft, die Transformation des Ich zu bewirken, wenn ich es annehmen, wenn ich ja dazu sagen könnte. Wenn ich mich aber gegen das Leiden wehre, kann die Energie nichts im Sinne der Umwandlung bewirken, doch ihr spannungsgeladener Kraftvorrat wächst. Früher oder später brennt die Sicherung durch. Oder – was noch öfter vorkommt – ich werde von dieser Energie überfallen, merke aber nicht, daß hier eine andere Macht die Oberhand gewonnen hat, und halte diese Energie für meine eigene Kraft. Ich merke gar nicht, daß «es mich erwischt» hat und ich in einen plötzlichen Temperamentsausbruch oder in die fanatische Durchsetzung meiner Meinungen und Absichten hineingezogen wurde. Oft wird solch ein Verhalten als Zeichen einer «starken Persönlichkeit» mißverstanden. Ein chinesisches Sprichwort drückt diese Gefahr so aus: «Wer den Tiger reitet, darf nicht absteigen.»

Leidenschaften und Emotionen sind also Manifestationen der Urenergie. Wenn diese Kraft nicht umgewandelt und dadurch wahrhaft menschlich wird, ist sie untauglich «für den Hausgebrauch». Im Zuge der Transformation verwandelt sich der blind agierende und wilde Aspekt, ihre furchterregende Macht wird als solche erkannt und nicht als «meine» mißverstanden, denn sie ist nicht menschlich. Ein alter Meister sagt: «Dieses Gipfels Spitze ist kein Platz für Menschenvolk.»

Und wirklich, diese Energie ist die Substanz und

wahre Natur all dessen, was ist; all dessen, was dem fortwährenden «Werden und Vergehen» unterworfen ist, die wahre Natur von allem Streben und Sehnen, von allem Wachstum und Verfall. Darin überschreitet sie bei weitem den nur menschlichen Bereich. Ihrer dämonischen Seite wegen wurde sie seit alters mit den Ehrfurcht gebietenden Attributen einer Gottheit bedacht. Unsere Zeit, die die religiöse Dimension weitgehend ausgeklammert hat, weiß nichts mehr vom heiligen Erschauern vor dem gewaltigen Ansturm des Göttlichen, vor Gott, der sich im brennenden Dornbusch kundtut und im Niederlegen der Gesetzestafeln am Sinai, oder, wie ein apokryphes Jesuswort sagt: «Wer mir nahe ist, der ist dem Feuer nahe.»

Auf der «Spitze dieses Gipfels» wird sie in dieser Weise erfahren und als Urgrund meines Seins erkannt, wie auch als Urgrund all dessen, was ist. Aber auf dem Zen-Weg muß man noch einen Schritt weiter gehen. Zunächst ist da der Weg aufwärts zur «Spitze dieses Gipfels». Die umfassende und bewußt erlebte Erfahrung dieses Gipfels ist unverzichtbar. Und es geht auch um die nötige Kraft, um nicht von der Wucht dieser Begegnung umgeworfen zu werden, um nicht sein Menschsein zu verlieren.

Von da an geht der Weg abwärts, das heißt, sich strikt an die eigene Menschlichkeit zu halten (sich nicht versuchen zu lassen!), um diese gewaltige Kraft in menschliche Ausdrucksformen fließen zu lassen. Die Mystiker aller Zeiten haben sie als dreifach beschrieben. Erstens als das Licht, klar zu sehen, was ist. Das ist WEISHEIT. Gemeint ist ein umfassendes Sehen, das weit über das voreingenommene bruchstückhafte Sehen hinausgeht, zu dem ich mit meinem Geist und Verstand fähig bin. Zweitens als die Wärme des befreiten Herzens, die LIEBE, die aus sich heraus strahlt, so wie die Sonne scheint, und die nicht länger von irgendeinem Objekt oder Ziel abhängig ist. Und drittens als die KRAFT oder MACHT, die «hinübergegangen» ist ins Begrifflose, völlig jenseits meiner Vorstellungen, und deren Auswirkung sich allem wohltätig mitteilt.

Man sagt, ein solcher Mensch sei weder vom Buddha noch von Mara ausfindig zu machen. Er ist nicht da. Die Leidenschaften sind transformiert, sind wahrhaft menschlich geworden, sind das Buddha-Wesen selbst. Sein und Handeln sind mit dieser Kraft in Harmonie.

Wenn aber das Ich mit seinen Neigungen und Bedürfnissen diese Energie auf die falsche Fährte setzt, bricht sie sich blindlings in irgendwelchen Aktionen Bahn, wobei sie mich überwältigt. Oder sie zwingt mich, mir ein Bild von sich zu entwerfen und diesem Bild dann nachzulaufen, wobei sie mich zu entsprechenden Handlungen treibt. Das kleine, naive Ich ist geneigt, diese Energie dann als «meine» oder als «meine Willenskraft» zu deuten.

Es ist wichtig, sich über diesen Ablauf ganz im klaren zu sein. Das Wesen der Energie ist Bewegung, die entsprechend einem gegebenen Gefälle verläuft. Das immerwährende Werden und Vergehen gehört auch dazu. So lebt das Leben sich selbst – in und durch seine wechselnden Formen. Wenn ich mit dieser Energie nicht zusammenarbeiten kann, erreicht das Energiepotential schließlich den Siedepunkt und entlädt sich blindlings. Je mehr ich mich dem Zusammenwirken entziehe, je mehr ich mir etwas über mich selbst vormache, um so verheerender wirkt sich die Energie aus. Denn dann ist sie gezwungen, sich rückläufig zu bewegen, da schon gebahnte Wege durch das störende Verhalten des Ich blockiert sind. Das ist auch der Grund, warum ungebundene Emotionalität den Menschen zum wilden Tier macht, ja schlimmer noch als ein Tier, das ohne ein sich einmischendes Ich von Natur aus richtig reagiert und bei dem infolgedessen die Energie uneingeschränkt die Führung übernehmen kann.

Wenn ich mich nicht völlig dem Zusammenwirken entziehe, kann die Energie, das Drängende in mir, nur als Verlangen bewußt werden. Da ich aber bewußt nicht verlangen kann ohne ein Objekt, das ich haben will, muß ich notwendigerweise diesen Wunsch nach außen projizieren, von wo mir dann wie von einem Spiegel ein Bild dieses Wunsches vorgehalten wird. Wenn das Wunschbild im Ich-Bewußtsein «angekommen» ist, kann ich, angefeuert von der Energie, die dem Verlangen innewohnt, nun beginnen, ihm nachzujagen und es mir «einzuverleiben». Und da dieses Bild ein Spiegelbild ist, steht es zum Ich als solchem in Beziehung und stellt dar, was mir zu meiner Erfüllung fehlt – meiner Ansicht nach. Die Verblendung beherrscht weiterhin das Feld. Gleichwohl besitzt aufgrund der ihm innewohnenden Energie auch solch ein unzulängliches Bild jene Faszination, die das begehrte Objekt augenscheinlich auf das Ich, das Subjekt, ausübt. Die Tragik ist, daß das zur Täuschung neigende Ich ein unangemessenes Bild geschaffen hat, ein weiteres unzulängliches Objekt innerhalb des schon bekannten, denn das Unbekannte, das zur wahren Erfüllung notwendig wäre, ist dem Ich nicht vorstellbar. So setze ich ein niedrigeres Objekt an die Stelle dessen, was ich wirklich zur Erfüllung brauche: einen Seinszustand, in dem ich, wie ich mich kenne, mein Gefühl des Andersseins, des Ausgestoßen- und Alleinseins verliere und in diesem Einswerden umgewandelt werde. Dem Ich erscheint das als Tod – und doch sehne ich mich danach. Denn im Sterben des Ich liegt meine Erfüllung. Und damit strömt die Energie wieder aus ihrer innersten Natur, das heißt, die ganze Wärme des Herzens wird freigesetzt.

Hier wird die außerordentliche Bedeutung des Menschseins sichtbar. Nur wenn man ganz und gar Mensch geworden ist, kann sich Befreiung ereignen, und nur dann kann die Lebensenergie, die das Buddha-Wesen ist, bewußt wahrgenommen werden. Nur dann kann man in Einklang mit ihr leben. Ist man einmal von der Verblendung des Ich befreit – mit allen damit zusammenhängenden Verkehrtheiten –, lebt und handelt der wahre Mensch in Harmonie mit dieser Natur. Im wahrhaft menschlichen Herzen, das durch sein eigenes Bemühen umgeformt wurde, erstrahlt diese Energie als Wärme und Klarheit. Daher kommt es vielleicht, daß Befreiung, Nirvāna, vom Ich her gesehen oft als kühl dargestellt wird – das Gegenteil der glühenden Leidenschaften und überwältigenden Ängste. Sieht man es von der anderen Seite, ist da nur Wärme. Ein großer Thai-Meister unserer Tage sagte zu einem westlichen Schüler: «Wenn andere zu uns kommen, reden wir vom Leiden und vom Weg, der das Leiden überwindet. Aber unter uns reden wir von Glück und Freude.»

Aber so weit sind wir noch nicht. Wir halten uns noch bei unserer selbstgeschaffenen Vorstellung auf, um ihr nachzujagen, sie zu erobern und zu besitzen.

Obwohl ein gewisser Zauber all unseren Wünschen anhaftet, ist es doch so: Je begrenzter und unzulänglicher das Bild ist, desto geringer ist der Reiz der Anziehung und um so leichter ist es auch zu erlangen. Einen neuen Hut oder irgendeinen Modeartikel kann ich mir heutzutage leicht beschaffen. Aber sobald ich bekommen habe, was ich wollte, und der Wunsch meines Herzens befriedigt ist – oder befriedigt scheint –, verliert der ersehnte Gegenstand seine Faszination, und nach einer Zeit der Ruhelosigkeit und Unzufriedenheit drängt es mich, ein neues Bild in meiner Vorstellungswelt aufzubauen, dem ich nun wiederum nachjagen kann.

Dieser Ablauf ist uns allen bekannt. Vom Verstand her ist das leicht einzusehen, aber das auch gefühlsmäßig anzuerkennen, ist noch etwas anderes. Denn dazu ist eine grundlegende Umwandlung nötig, die keineswegs leicht ist. Damit wird sich der zweite Teil dieses Buches befassen.

Nun gibt es aber noch einen anderen Aspekt dieser Ausrichtung auf ein Objekt. Noch einmal: Wenn sich in mir ein Verlangen regt, bin ich gezwungen, mir von diesem Wollen, diesem Wunsch ein Bild zu machen, das sich dann entweder mit einem Objekt verbindet oder sich wie ein Schleier über das Objekt breitet. So kommt es, daß ich mich vom Objekt ergriffen und bezaubert fühle. Denn mir stellt es sich so dar, als sei es das Objekt, das diese Anziehung auf mich ausübt, nicht mein «Ich will», nicht mein eigenes Verlangen. Ein sehr gutes Beispiel für diesen Reiz der Anziehung, der ein realistisches Sehen unmöglich macht, ist das Sich-Hals-über-Kopf-Verlieben. Diese Liebe breitet sich wie ein schimmernder, verlockender Schleier über das Objekt. Wahrnehmbar ist nur diese magische Anziehung, die ich als Sehnen erfahre. Und in gewissem Sinne ist das auch richtig. Denn hier handelt es sich um das Selbstbildnis des Herzens, das gewissermaßen nach außen gesprungen ist, um mir sichtbar und bewußt zu machen, was ich wirklich will. Die Tragik ist, daß ich das alles dem Objekt zuschreibe, wobei letzteres keine Person sein muß. Wir können uns ebenso total in eine Idee oder irgendeinen -Ismus verlieben. Und hinterher entdecken wir dann, wenn der Schleier gefallen ist und das Objekt erkennbar wird, daß es wenig oder nichts mit dem zu tun hat, was wir erwartet oder gedacht haben. Glücklicherweise ist zu dem Zeitpunkt die Energie, die mit einer solchen Projektion einhergeht, schon völlig verbraucht. Wenn nicht, verkehrt sich die Faszination in ihr Gegenteil: Liebe wird allzuleicht zu Haß, der dann ebenso fesselt und unfrei macht. Dabei haftet der Abneigung, die mich gefangenhält, gleichermaßen ein fast magisches Moment an – so als ob Gott sich in den Teufel verwandelt hätte. Nicht nur in unseren persönlichen Beziehungen wimmelt es von solchen Umschwüngen. Man kann sie auch in der Geschichte religiöser Bewegungen und Kulte beobachten – als praktisches Beispiel und ernstzunehmende Warnung.

Anziehung und Abstoßung, Affinität und Neutralität sind mit ihrem gewaltigen Energiepotential Erschaffer und Gestalter dieser Welt – von den Atomen angefangen bis hin zu den Planeten. Wir Menschen sind aus dem gleichen Stoff. Die Lehre vom Nicht-Ich weist auf diesen unpersönlichen Aspekt hin. Normalerweise werde ich, wenn ich mit etwas konfrontiert bin, das «anders ist als ich», von der Energie, die ich urtümlicherweise für «meine eigene» halte, in Bewegung versetzt, was ich als Anziehung oder Ablehnung erfahre. Könnte ich es aber «neutral» mit dem «einen Auge» sehen, so ist da nur ein Zusammenpassen oder Nichtzusammenpassen, einfach nur das, keine emotionale Reaktion. Wenn die Ketten der Verblendung gelöst sind, ist das Handeln frei und spontan und in Harmonie mit der Situation. Das ist «rechtes Handeln». Das ist auch menschliches Handeln. In unserer Welt liegt der Löwe nicht beim Lamm. Und wir sind Menschen, weder Götter noch Dämonen, und auch keine Übermenschen.

In Wirklichkeit ist die Macht der Abstoßung ebenso total wie die der Anziehung und ebenso zupackend. Aber wir können in unserem alltäglichen Leben lernen, uns nicht von dieser Kraft zu Handlungen hinreißen zu lassen. Denn je mehr wir uns dagegen wehren oder sträuben, desto mehr Macht verleihen wir dem Objekt, das wir bekämpfen. Das gilt immer, ganz gleich, ob die bekämpfte Vorstellung in mir oder außerhalb meiner selbst zu sein scheint.

Je stärker ich gegen einen Tisch stoße, um so stärker scheint der Tisch mich zu stoßen. Wenn ein kleines Kind gegen eine Tischkante gerannt ist, kann es sein, daß es den Tisch schlägt und sagt «böser Tisch». Wir lachen darüber, merken aber nicht, daß wir uns genauso verhalten – wenn auch nicht ganz so offensichtlich.

Als Kind lernte ich auf einer zwar holprigen, aber breiten Landstraße das Radfahren. Ich fuhr noch wakkelig und unsicher und wußte, daß ich erhebliche Schwierigkeiten beim Absteigen hatte. Deshalb fürchtete ich die größeren Steine, die vereinzelt herumlagen, und nahm alle Kraft zusammen, ein solches Hindernis zu umfahren. Ich kämpfte dagegen an, wild entschlossen, mich nicht abwerfen zu lassen. Und jedesmal stieß ich geradewegs auf einen solchen Stein, obwohl zu beiden Seiten reichlich Platz gewesen wäre. Später fand ich es sehr schwierig, diese Steine absichtlich zu treffen. Man kann aus solchen Erlebnissen lernen.

Wenn nun aber das Objekt als solches nicht so wichtig ist, bleibt uns noch der Satz: «Ich brauche, ich will haben.» Wir wissen zwar nicht genau, was, fühlen aber die charakteristische Unzufriedenheit und Ruhelosigkeit, die anzeigt, daß die emotionale Energie beginnt, Druck zu erzeugen. Wenn dieser Energie nun nicht erlaubt wird, nach außen in ein Bild-Objekt zu entweichen und somit auch nicht in der Verfolgung des Ziels Erleichterung erfährt, wendet sie sich nach innen und greift das an, was noch da ist: das Ich.

Das ist ein gefährlicher Zustand, und deshalb gibt es für die Schulung all die Trainingsanalogien wie schmieden, formen, verändern. Hier soll der Hinweis genügen, daß die starre Struktur eines Ich, das den natürlichen Fluß der Energie zurückstaut, nur allzuleicht zerbrechen kann, wenn die unterdrückte Energie schließlich dem Explosionspunkt nahe kommt. Deshalb ist beständiges Üben so wichtig, weil es im Wechselspiel mit dieser Energie die harte Struktur des Ich sanfter, gewissermaßen geschmeidiger macht. Das ist ein wechselseitiger Vorgang. Beide Seiten (Energie und Ich) haben teil daran und werden verändert. Sie nähern sich einander an, und indem sie das tun, verschmelzen sie schließlich zu einem Ganzen, zu einer neuen Gesamtheit. Beide Ausgangsfaktoren müssen sich zuvor verändert haben, damit das Einswerden geschehen kann, damit sie «fähig» sind, ineinander aufzugehen.

Nun können wir erneut unseren Satz: «Ich brauche, ich will haben» anschauen. Das Ich ist in dem Umwandlungsprozeß verlorengegangen. Zumindest scheint das so, denn ich habe mich verändert. Und auch das Verlangen selbst hat sich verändert, denn nun drückt es tatsächlich aus, was ich wirklich will, was ich aber niemals sehen kann. Ich kann es nur werden, indem ich aufhöre, *ich* zu sein.

Dieses Aufhören ist die tiefste Erfüllung des Verlangens, die Erfüllung der Sehnsucht des Herzens. Die Augen sind nun offen und sehen klar, das Herz ist offen und frei von aller Entfremdung, Unsicherheit und Furcht. So kann es nicht anders als Wärme ausstrahlen. Licht und Wärme sind die beiden Aspekte der befreiten, wahrhaft menschlich gewordenen Energie.

Insofern ist der Buddha beides: der voll Erleuchtete mit dem «einen Auge» der WEISHEIT und der Allerbarmer, dessen Herz LIEBE ausstrahlt. Deshalb sagt die Legende, daß sein ganzer Körper goldfarben war – die freigesetzte Wärme des Herzens scheint und fließt aus sich selbst, wird wahrnehmbar und berührt das Herz des Betrachters, wärmt und ermutigt ihn und läßt in ihm den Wunsch aufkeimen, auch so zu werden.

Das ist die Botschaft des Buddha. In ihrem weitesten Sinne weist sie vorwärts, in die Zukunft, auf das, was noch nicht erkannt oder verstanden ist. Vielleicht läßt sich *Ahimsā*, Nicht-Verletzen, am tiefsten als Nicht-Einmischen begreifen. Einer der größten Weisen unserer Zeit, Ramana Maharshi, antwortete auf die Frage, wie ein befreiter Mensch anderen hilft: «Wenn du das Selbst (Nicht-Ich) geworden bist, sind da keine anderen.» Als ein weiser Rabbi von einem seiner besten Schüler gefragt wurde: «In früheren Zeiten konnten die Menschen das Antlitz Gottes sehen. Warum kann ihn heute niemand sehen?», antwortete er: «Mein Sohn, weil sich heutzutage niemand so tief bücken kann.»

In der Zen-Linie des Buddhismus heißt es, daß der befreite Mensch keine Spur hinterlasse, weder Buddha noch Mara könne ihn finden. Das erinnert an Gautama, der tief versunken unter dem Bodhi-Baum saß, als Mara, der Versucher, ihn vergebens attackierte. Und es erinnert uns an Brahma selbst, der den Erwachten, den Buddha, bat, er möge das, was er geschaut hat, auch anderen zugänglich machen, den Menschen, deren «Augen mit nur wenig Staub bedeckt sind».

Es gibt ein Geben und Nehmen in der Berührung von Herz-Geist zu Herz-Geist, das ganz spontan und selbstverständlich ist. Der verstorbene Meister Sesso sagte einmal, daß das befreite Herz so voller Wärme ist, daß sich diese Wärme notwendigerweise verströmen muß. Dabei rührt sie jedes Bewußtsein an, mit dem sie in Kontakt kommt, und läßt den Wunsch aufkeimen, auch so zu werden.

Die wahre Ausbreitung der Lehre des Buddha geschieht also mehr in der Befreiung des eigenen Herzens als im Predigen von Lehrsätzen. Es gibt ein stillschweigendes Gebot, über die Lehre erst dann zu sprechen, wenn man darum gebeten wurde. Denn das setzt die Aufnahmebereitschaft des Fragenden voraus. Es handelt sich keineswegs darum, andere zu überzeugen und so bewußt Einfluß zu nehmen. Das wäre wieder *karmaerzeugende* Handlung. Der befreite Mensch aber, so heißt es, hinterläßt keine Spur. Er hat sein Ich abgestreift, das Ich mit seinen zweckgebundenen Handlungen und dem lustvollen Zwang, sich einzumischen.

Wenn *Dharma* das unwandelbare Gesetz ist, das allem Seienden innewohnt, dann ist *Karma* seine Funktion. Abgeleitet von der Sanskrit-Wurzel *kar* bedeutet es Handlung, Tat, und bildet das Bindeglied zwischen Ursache und Wirkung. Als solches ist Karma der normale Kreislauf der Natur, das «immerwährende Werden und Vergehen» im unbeständigen Spiel der Dinge, durch das das LEBEN sich selbst lebt, entfaltet und entwickelt.

Im Bereich des menschlichen Lebens kommt noch ein weiterer Gesichtspunkt hinzu. *Karmaerzeugende* Handlungen sind bewußte, eigenwillige und zweckgebundene Taten und Verhaltensweisen, die durch das Ich in Gang gesetzt werden. Von der Vergangenheit zur Gegenwart formen und gestalten sie hinein in die Zukunft sowohl das persönliche Schicksal als auch den eigenen Charakter.

Da sich dem Buddhismus zufolge diese Handlungen aus Gedanken, Worten und Werken zusammensetzen, ist die charakterbildende Komponente augenscheinlich. Der buddhistischen Lehre nach tragen somit gute Taten schlechtes Karma ab, das in diesem oder früheren Leben angehäuft wurde, und dadurch bewirken sie Wiedergeburten in glücklicheren Seins-Zuständen, entweder in angenehmen menschlichen Existenzen oder unter den Himmlischen Wesen. Diese angenehmen Zustände sind aber selbst nicht von Dauer und sind noch auf dem «Rad des Lebens» angesiedelt, von dem sie noch nicht erlöst sind. Befreiung kann nur stattfinden, wenn man seine Füße entschlossen auf einen Schulungsweg setzt, der schließlich dazu führt, daß das Ich abfällt.

Im ichlosen oder erwachten Zustand haben ichbestimmte Handlungen aufgehört, denn es gibt kein Ich mehr, das sie in Gang setzen könnte. So ist der erlöste Mensch vom «Rad des Daseins» abgesprungen und dem Gesetz des *Karma* nicht mehr unterworfen. Er hinterläßt keine Spur und ist nicht länger ein *karmaerzeugendes* Wesen.

In der Bilder-Sprache der Religion wird das Erreichen der wahrhaft menschlichen Existenz als eine Hoffnung für die Zukunft aufgezeigt, sozusagen intuitiv vorskizziert. Heute, da Gewalt schon fast eine alltägliche Sache geworden ist, spricht uns diese Verheißung besonders an: Die rohe Wildheit, die dem Ich anhaftet, kann durchgearbeitet und abgebaut werden, Gier und Gewalt, die unser Schicksal durch die Jahrtausende zu sein scheinen, können ein Ende finden.

Denn wenn ich die Scheuklappen der Selbsttäuschung ablege – und damit meine Furcht –, vergeht auch das ständige Verlangen, mich einzumischen und andere zu manipulieren. Und damit ist wiederum der Zustand erreicht, wo der Mensch den Menschen anschaut, sich erkannt fühlt und den anderen, erkennend, gelten läßt.

Diesen Weg muß jeder selbst gehen. Niemand kann das für mich tun. Das gibt dem einzelnen Menschen, der heute oft nur noch eine Nummer ist, seine Würde zurück. Es ist ein verantwortungsvoller Weg, der die Fesseln und Scheuklappen der Verblendungen wahrhaft löst und damit von Ich-Vorstellungen befreit. Einfach durch unser bloßes Sein, chinesisch *Wu-wei* (Nicht-Einmischung), strömt ganz natürlich die innere Wärme des Herzens. So gibt sie anderen Ermutigung und Ansporn, dasselbe aus eigenem freien Willen zu tun; Ihrem tiefsten Herzenswunsch vertrauend, den WEG zu gehen, bis das Herz voll Genüge gefunden hat – und so vom WEG zu künden.

Das ist der Weg des Buddha. Er ist so weit wie die Welt und offen für alle, die gesonnen sind, ihn zu gehen, die bereit sind, den vorgezeichneten Fußspuren in Dankbarkeit zu folgen. Er kann heute genauso gegangen werden wie in der Vergangenheit, und die Botschaft des Buddha ist für uns heute so passend wie eh und je. Sie weist den Weg – aber überläßt es uns, ihn achtsam zu gehen. Im Plan des Daseins sind wir selbst die Gestalter unseres Schicksals.

Die historische Entwicklung

Die Lehre des Buddha, so wie sie auf uns gekommen ist, spiegelt und bricht sich in den verschiedenen buddhistischen Richtungen. Diese Entwicklung ist für eine genaue Betrachtung des umfangreichen Gebiets wichtig, sprengt aber den Rahmen dieses Buches. Es gibt eine Reihe ausgezeichneter und detaillierter Darstellungen, die sowohl die traditionelle wie auch die moderne Forschung berücksichtigen und zumindest teilweise Material einbeziehen, das erst kürzlich ans Licht kam.

Aber wie breitgefächert die einzelnen Linien und Schulen auch erscheinen mögen, sie alle basieren auf den buddhistischen Grundprinzipien.

Hier genügt es anzumerken, daß sich nach und nach zwei Haupttraditionen herauskristallisierten, einmal die Südliche Schule oder der «Weg der Ältesten» mit Pali als Schriftsprache. Diese Linie existiert noch in Südostasien, wo sie als einzige von mehreren Richtungen überlebt hat. Man findet sie auch noch in Ceylon, Burma und Thailand. In Indien, der Heimat des Buddhismus, verdrängten der wiederauflebende Hinduismus und das Eindringen des Islam den Buddhismus. Die Nördliche Überlieferung, die ursprünglich auf

Sanskrit als Schriftsprache basierte, dann aber in die jeweilige Sprache des Gastlandes übersetzt wurde, findet sich heute vor allem in Japan und Korea. In China und Tibet haben sich zwar die meisten dieser Richtungen entwickelt und Gestalt gewonnen, sind aber heute aus diesen Ländern verschwunden.

Die Zen-Linie ist ein Zweig dieser Nördlichen Überlieferung. «Zen», das sich von dem Sanskritwort *Dhyāna* und dessen chinesischer Lesart *Chan* ableitet, bedeutet, wörtlich übersetzt, Meditation. Somit ist Zen eine meditative Richtung des Buddhismus. Wir werden allerdings sehen, daß Meditation nicht seine einzige Übungsweise ist.

Wir haben Aufzeichnungen über seine historischen Anfänge in China, über seine dortige Entwicklung, seine Blütezeit während der Tang-Dynastie und sein Wiederaufleben nach mehreren Verfolgungen des Buddhismus in China. Zu Beginn des 13. Jahrhunderts kam Zen nach Japan, wo es als Rinzai- und Soto-Schule noch heute lebendig ist. Der lange, allmähliche Niedergang des gesamten Buddhismus in China nach der Sung-Dynastie hatte seine Ursache teilweise im Aufkommen des heimischen Neokonfuzianismus, aber auch in den vermehrten Verfolgungen. Die Chan-Linie ging aus all dem als die vitalste hervor, so daß sich unter ihrem Namen die noch überlebenden buddhistischen Schulen zusammenfanden. Im 17. Jahrhundert wurde sie in Japan als Ming-Zen bekannt und besteht noch heute.

Die Zen-Schule entwickelte bald nach ihren Anfängen in China Lehrrichtungen entsprechend dem Stil großer Meister, die später als ihre Gründer betrachtet wurden. Zwei von ihnen, die Rinzai- und die Soto-

Schule, kamen so nach Japan, wo sie sich weiterentwickelten und der japanischen Geistesart anpaßten.

Die Rinzai-Schule erlebte in Japan zu Beginn des 19. Jahrhunderts nach Meister Hakuin eine größere Reform. Zen besteht heute in Japan aus drei traditionellen Linien: der Rinzai- und der Soto-Schule, die beide Sung-Zen sind, sowie der Obaku-Schule oder Ming-Zen, die andere buddhistische Traditionen umfaßt, im wesentlichen die Reines-Land-Schule.

Historisch gesehen steht die Wiege des Zen in China, wo der in Indien entstandene Buddhismus durch die praktische und konkrete Mentalität der Chinesen seine Form fand. Im Zusammenspiel mit der bodenständigen Kultur nahm er nach und nach Züge an, die, wie das oft geschieht, einige der Grundwerte des Gastlandes assimiliert hatten.

Man kann mit Recht sagen, daß Zen eine Rückkehr von den zwar tiefgründigen, aber sehr ausgeklügelten philosophischen und psychologischen Systemen der Nördlichen Schule zu den elementaren buddhistischen Lehren darstellt. Begünstigt wurde diese Rückkehr durch eines der einheimischen chinesischen Lehrsysteme, den Taoismus, dem es in seiner besten Ausprägung ebenso um Einfachheit geht und um den selbstverständlichen Einklang mit dem, was ist. Tatsächlich meint *Tao* wörtlich übersetzt den «Weg», der das Leben zu solchem Einklang und zu solcher Harmonie führt. Dieser «Weg» und das sich daraus ergebende *Wu-wei* oder «Nicht-Einmischung» wurde von der Zen-Schule bereitwillig übernommen.

Die Überlieferung erzählt, daß der indische Mönch Bodhidharma Zen nach China brachte und der erste chinesische Patriarch wurde. Aber erst nach E'nō, dem sechsten chinesischen Patriarchen, wurde Zen eigentlich chinesisch. Tatsächlich geschah es in der Generation nach E'nō (Hui-neng), daß die Schule wuchs und ihre charakteristischen Züge entwickelte. Nun sind weder Bodhidharma noch E'nō historisch bezeugt. Die Überlieferung aber, die sich um beide Gestalten rankt, zeigt deutlich die grundlegenden Geisteshaltungen des Zen. Und das ist als lebendige Tradition für den Übenden wichtiger als historische Fakten.

Bald nach ihrer Entstehung verlegte die Zen-Schule ihre Klöster, teils aus Neigung, teils aus Schulungsgründen, in abgeschiedene Gegenden, wo der Lebensunterhalt der Mönche nur durch eigene körperliche Arbeit, Land- und Ackerbau, gesichert werden konnte – Tätigkeiten, die dem indischen Sangha, der Gemeinschaft der Mönche, untersagt waren. Für die Zen-Schule wurde Arbeit als solche fortan zu einem der wichtigsten Bestandteile der Schulungspraxis: «Ein Tag ohne Arbeit ist ein Tag ohne Essen.»

Übung und Schulung in einem japanischen Zen-Kloster

Es ist unmöglich, in ein Zen-Kloster einzutreten ohne entsprechende Vorschulung. Was mag heutzutage einen jungen Mann veranlassen, diesen Weg einzuschlagen?

Vielleicht ist er einem Zen-Priester begegnet, der ihn beeindruckt hat, oder er war in psychischen Schwierigkeiten und ist zu einem Meister, von dem er gehört hatte, gegangen, um sich Rat zu holen, oder er ist ganz einfach der Ansicht, daß er mehr «Kraft und Stabilität» brauchen könnte. Was immer auch der Grund sein mag, der erste Schritt besteht darin, mit dem Priester eines bestimmten Zen-Tempels in Kontakt zu kommen. Vielleicht besucht man ihn dann öfter, und wenn man glaubt, auf die eigenen drängenden Fragen eine Antwort zu finden, wird man den Tempel häufiger aufsuchen, auch am Klosterleben sowie den täglichen Arbeiten teilnehmen und gelegentlich ein Wochenende dort verbringen. Sollte man den Wunsch haben, etwas länger im Kloster zu bleiben, kann man auch dafür die Erlaubnis erhalten. Wenn man sich diesem Leben anzupassen vermag und es einem zusagt, bleibt man und bittet um Aufnahme als Novize. Und der Tempelpriester wird der Bitte entsprechen, wenn er den Betreffenden für geeignet hält, und damit sein Dharma-Vater werden – mit umfassenden Rechten und Pflichten ihm gegenüber.

Das Leben eines Novizen ist nicht einfach. Vielleicht kann man es am ehesten mit dem Leben eines Lehrlings in einem mittelalterlichen Handwerksbetrieb vergleichen. Zunächst hält man ihn nicht für fähig, auch nur irgend etwas zustande zu bringen. So ist er der unbezahlte Sklave des Hauswesens, der mit niederen Arbeiten in Atem gehalten wird, ohne auch nur einen Augenblick für sich selbst zu haben. Nie kann er tun, was ihm gefällt, und dabei lernt er Schritt für Schritt die überaus wichtige Lektion, sich leichten Herzens zu fügen und sein Ich hintanzustellen. Er muß lernen, sanft und flexibel zu werden. Wenn er das nicht kann, wird er wieder gehen, und man wird ihm auch dazu raten. Das Noviziat ist die Voraussetzung für seinen Eintritt in ein Schulungskloster. Denn ohne seine Vorschulung als Novize, ohne daß dieser Prozeß des Sanfter- und Flexiblerwerdens bei ihm in Gang gekommen wäre, könnte er in einem Schulungskloster weder Fuß fassen noch heimisch werden.

Als Novize lernt er die Arbeit in Haus, Tempel und Garten, er lernt zu putzen, zu kochen und die Sträucher zu beschneiden. Ein bestimmtes Betragen und Verhalten wird von ihm erwartet. Er lernt auch, für den Priester zu sorgen, ihm aufzuwarten und für ihn da zu sein. Er lernt, religiöse, oft sehr kostbare Geräte und Bilder zu reinigen, Lackarbeiten zu polieren, den dickflüssigen zeremoniellen Tee zu schlagen und zu servieren, sowohl die Alltagskutten wie auch die festlichen Roben in Ordnung zu halten, sie zu waschen und zu flicken, zu falten und aufzubewahren. Er lernt die üblichen Sūtras und ihre Rezitation sowie die täglichen und saisonbedingten Riten und Feiern, die im Tempel stattfinden.

Sein Tag beginnt früh, gegen fünf Uhr morgens. Die erste Tätigkeit nach dem Aufstehen ist der Sūtra-Sprechgesang im Hondo oder Schreinraum. Darauf folgt gewöhnlich das Frühstück und dann das Saubermachen. Die hölzernen Veranden, die jeden Tempel und jedes traditionelle japanische Haus umgeben, werden naß gewischt, es wird gefegt, dann die Außenarbeit getan: vor dem Tempeltor, im Garten, auf dem Friedhof oder wo sonst noch Aufräum- oder Reinigungsarbeiten zu erledigen sind.

Trifft es sich, daß der Novize zur Schule oder Hochschule geht, verläßt er rechtzeitig das Kloster, um die Vorlesung zu besuchen. Sobald er heimkommt, geht er bis zum Abendessen weiter seinen Pflichten nach. Wenn alles sauber und aufgeräumt ist, kann er den Abend für seine Studien verwenden. Um neun Uhr abends ist noch einmal eine Sūtra-Rezitation. Seine Wochenenden und Ferien sind mit den gleichen Arbeiten ausgefüllt. Außerdem hilft er beim Ausrichten besonderer Zeremonien seines Tempels. So gewöhnt er sich an den alltäglichen Ablauf des Tempellebens.

Sein Dharma-Vater ist unbedingte Autorität für ihn, und da er selbst keinerlei Zeit für sich zur Verfügung hat, wird das stramme Ich, das so sehr liebt, Dinge zu tun, «wie es mir paßt», langsam milder und sanfter. Er muß lernen, mit seinen emotionalen Reaktionen umzugehen, während er korrekt den routinemäßigen Aufgaben des Tempelalltags nachgeht.

Ein Tempel ist einer Kirche recht ähnlich. Es gibt feierliche Zeremonien im Laufe des «Kirchenjahres» mit ihren besonderen Riten und Festen. Der 8. April ist der Geburtstag des Buddha, der 15. Februar sein Todestag und der 8. Dezember die Gedächtnisfeier seiner Erleuchtung. Dann gibt es noch den «Gedenktag», den Todestag des Gründers des jeweiligen Tempels. Andere wichtige Begebenheiten im Jahresablauf sind die Tagundnachtgleichen im Herbst und im Frühling, die gewöhnlich mit Totengedenkfeiern verbunden sind. Nach Neujahr ist Mitte August die geschäftigste Zeit im Tempel. Da findet O Bon, eine Art Allerseelenfest, statt. Die Friedhöfe werden in Ordnung gebracht, Sūtras für die Toten gelesen und viele Besucher empfangen. Das Ganze dauert etwa eine Woche, die Vorbereitungen eingerechnet.

Der größte und festlichste Tag ist der feierliche Beginn des neuen Jahres. Das ist auch eine Zeit großer Emsigkeit, die etwa zwei Wochen dauert. Die Vorbereitungen beginnen schon Tage vorher. Der 31. Dezember erlebt dann einen gründlichen «Frühlingsputz». Alles Holzwerk und die Zimmerdecken werden abgestaubt und gewischt, alle Möbel nach draußen gebracht und abgewaschen, und sogar die Bodenmatten werden mitsamt ihren Rahmen nach draußen getragen und geklopft. Und all die Schränke, Regale, alles Geschirr und die Küchenutensilien werden abgewaschen bzw. gespült. Wenn dann alles pieksauber ist, ist es meist schon spät in der Nacht. Die Feuer werden gelöscht, um sie im neuen Jahr wieder zu entzünden. Man nimmt das erste Bad des neuen Jahres, neue Kleider liegen für die Morgenfeier bereit, und nach dem Frühstück kommen die ersten Neujahrsbesucher. Es ist Tradition, das Essen für den Neujahrstag im voraus zu bereiten. So hat man wenig Arbeit mit dem

Kochen. Da aber alle Besucher formell empfangen, mit zeremoniellem Tee bewirtet und wieder hinausgeleitet werden, bleibt immer noch genug zu tun. Aber es ist auch eine entspannte und fröhliche Zeit nach der hektischen Betriebsamkeit der vorangegangenen Tage.

Der Novize wird mit all diesen Tätigkeiten vertraut und lernt, seine Aufgabe dabei wahrzunehmen. Und wenn er nach einer Reihe von Jahren zu dem Schluß kommt, daß hier wirklich seine Berufung liegt, kann sein Dharma-Vater den Zeitpunkt für gegeben erachten, ihn in ein Schulungskloster eintreten und Mönch werden zu lassen.

Ein Tempel dient seinen Gemeindemitgliedern. Der Amtsinhaber ist als ordinierter Priester für den Tempel und die ihn betreffenden Aufgaben verantwortlich: die Seelsorge für die Gemeindeglieder, die ihn aufsuchen, verschiedene soziale Aktivitäten, die Ausführung der entsprechend den Jahreszeiten wechselnden Zeremonien sowie Beerdigungs- und Totengedenkfeiern.

In der Vergangenheit – heute nicht mehr – diente der Tempel auch als Schule, wo Kinder und Erwachsene lesen und schreiben lernen konnten. Der verstorbene Meister Sesso sagte einmal, daß der weiße Sand, der so oft vor einem Schreinraum zu finden ist, den Raum heller machen half, weil dieser häufig auch als Unterrichtszimmer diente.

Tempel sowie auch traditionelle japanische Häuser sind weitgehend offen. Holzpfosten halten den Bau aufrecht und stützen die Decke. Bewegliche Schiebetüren und Holzrahmen, die mit transparentem Reispapier überzogen sind, dienen als Wände und Raumteiler. Natürlich ist die Feuergefahr bei solchen Konstruktionen groß, deshalb ist jede Art von Heizung verpönt.

Der Leiter eines Tempels muß ein ordinierter Priester sein, und als solcher unterscheidet er sich von einem Mönch. Er muß aber Mönch gewesen sein, um überhaupt ordiniert werden zu können. Seit der Meiji-Restauration (1869) kann ein ordinierter Priester heiraten.

Ein Schulungskloster unterscheidet sich stark von einem Tempel mit seinen verschiedenen Aktivitäten. Obwohl es üblicherweise «Kloster» genannt wird, ist es im landläufigen Sinn des Wortes eigentlich keines. Der Mönch verbringt dort nicht sein ganzes Leben. Schulungsseminar wäre vielleicht die treffendere Bezeichnung, denn nachdem der Mönch zum Priester ordiniert wurde, verläßt er schließlich das Kloster, um einen Tempel zu übernehmen. In der Zen-Linie, mit der wir uns hier befassen, besonders in der Rinzai-Schule, ist lediglich der Rōshi oder Meister ein Mönch in unserem Wortverständnis, weil er – einmal als Meister eingetreten – für immer im Kloster bleibt.

Die Zeit, die ein Mönch im Kloster verbringt, ist ganz unterschiedlich lang und hängt davon ab, ob er zum Beispiel nur einen kleinen Landtempel übernehmen soll oder möchte, denn da sind seine Verantwortlichkeiten nicht allzugroß, oder ob er einen großen Tempel, eventuell mit der Aufgabe, Laien zu unterrichten, übernehmen wird, wofür eine weit längere Schulungszeit im Kloster erforderlich ist. Ist er einmal ordiniert, kann der Priester selbst entscheiden, ob er seine Gemeindemitglieder zu gelegentlichen zeremoniellen Feiern einladen möchte, inwieweit er am Lebens seiner Gemeinde teilnimmt und wie groß das

Ausmaß an Seelsorge sein soll, das er anbietet. Allerdings sind einige seiner Pflichten festgesetzt. Dazu gehören die täglichen Morgen- und Abendandachten, die jahreszeitlich bedingten Zeremonien und alle Beerdigungsriten. Er kann auch Novizen aufnehmen und unterweisen sowie Vorträge und Meditationszeiten für Laien halten.

Wenn der Novize beschlossen hat, sich um die Zulassung zu einem Übungskloster zu bemühen, trifft sein Dharma-Vater Vorkehrungen für seine Aufnahme in ein bestimmtes Kloster. Der Eintritt in ein Schulungskloster ist mit einer außerordentlich harten Prüfung verbunden. Sollte der Novize zu dem Schluß kommen, daß dieser Weg nicht wirklich seine Berufung ist, hat er die Freiheit, mit Dank an seinen Dharma-Vater zu gehen. Ist er aber einmal ins Kloster eingetreten, ist das nicht mehr so einfach, obwohl es ihm prinzipiell frei steht. Ein gewisses soziales Stigma haftet dem an, der als aufgenommener Mönch das Kloster wieder verläßt – vielleicht, weil man ihn für nicht zuverlässig hält.

Der extrem harte Test des «Bittens um Einlaß», der eine ganze Woche dauert, soll dem jungen Mann helfen herauszufinden, wie ernsthaft seine Absichten sind. Das Kloster ist benachrichtigt, daß der junge Mann kommen soll. Die übliche Eintrittszeit ist der Frühling, irgendwann nach Mitte März, aber es wird erwartet, daß alle Neuen vor dem 8. April, dem Geburtstag des Buddha, eingetroffen sind.

Der Postulant erhält beim Verlassen des Tempels von seinem Dharma-Vater eine neue Garnitur Roben und alles, was er für das Klosterleben braucht. Traditionellerweise trägt er ein Bündel mit seinen Habseligkeiten und eine Schachtel, die seine Beglaubigungsschreiben enthält, ein Zertifikat, daß er ein Novize und berechtigt ist, auf seinem Weg zum Kloster um Nahrung zu betteln, sowie ein kleines Täschchen oder einen Umschlag mit Geld für sein Begräbnis, falls er unterwegs sterben sollte. Heutzutage ist es ihm zwar erlaubt, öffentliche Verkehrsmittel zu benutzen – die Fahrkarte bezahlt sein Dharma-Vater –, beim Kloster muß er jedoch zu Fuß ankommen.

Er geht durch das große Tor, durch den Vorgarten und betritt die Eingangshalle.

Diese ist in traditionell gebauten japanischen Häusern im allgemeinen gepflastert und hat Stufen, die in das Innere führen. In früheren Zeiten mußte immer jemand zu Hause sein, denn die Türen konnten zwar von innen verriegelt, nicht aber von außen abgesperrt werden. Ein Besucher tritt in die Eingangshalle und macht sich bemerkbar, indem er einen Ruf erschallen läßt, und wartet dann, bis jemand erscheint. Wenn er aufgefordert wird, näher zu treten, entledigt er sich auf den Stufen seiner Fußbekleidung. Im Haus werden keine Schuhe getragen. Tempel wie Klöster folgen dieser traditionellen Gepflogenheit.

So steht also der Novize in der Eingangshalle und ruft. Der Hauptmönch, dem auch die Betreuung der Gäste obliegt, erscheint und schaut, wer da gekommen ist. Der Novize bittet um die Erlaubnis, ins Kloster eintreten zu dürfen. Ausnahmslos teilt man ihm mit, das Haus sei voll, es gebe keinen Platz, außerdem sei das Leben hier zu hart und nicht geeignet für ihn, und er solle sich trollen. Der Postulant weigert sich, der Aufforderung nachzukommen, und zeigt seine Beglaubigungsschreiben. Diese werden durchgesehen und überprüft, woraufhin man ihm erneut befiehlt zu gehen. Er weigert sich zum zweiten Mal, möglicherweise ein drittes Mal. Dann verläßt der Hauptmönch die Halle. Der Postulant, entschlossen zu bleiben, verharrt an Ort und Stelle. Er entledigt sich seines Bündels, legt es auf eine niedrige Bank und hockt sich darüber. Seitwärts zu sitzen, über einem vollgepackten Bündel hockend, den Kopf tief auf den gefalteten Händen, die auf dem Bündel ruhen, so in bittender Haltung auszuharren, ist nicht einfach. Man gibt ihm Essen, und abends wird ihm erlaubt, zum Schlafen hereinzukommen. Aber die Nächte sind kurz im Kloster. Drei Tage lang muß er so durchhalten, aber zwei- bis dreimal täglich fordert man ihn auf zu gehen. Er weigert sich, woraufhin man ihn packt und hinauswirft. Dabei wird er den ganzen Weg von der Eingangshalle durch den Garten zum Haupttor geschleift. Das Tor wird dann bewacht, so daß er mindestens eine halbe Stunde lang nicht zurückkann. Das ist eine sehr harte Behandlung, aber die jungen Postulanten wissen, daß sie nach ihrer Ankunft einer wirklichen Feuerprobe ausgesetzt sind.

Nachdem ich Jahr für Jahr selbst Zeugin dieser Geschehnisse geworden war, fragte ich einmal den Hauptmönch, ob es denn wirklich nötig sei, so gräßlich streng mit den jungen Postulanten zu verfahren, die vor Erschöpfung, Angst und in Erwartung weiterer Prüfungen schon ganz blau im Gesicht waren. Ich fragte, ob man sie wirklich handgreiflich angehen und auf diese Art hinauswerfen mußte noch zu allem Schrecken und den Schmerzen, die von ihrer langen Hockstellung herrührten. Der Hauptmönch nickte und sagte: «Ja, denn das dient einem doppelten Zweck.

Von ihnen her gesehen ist da die Härte des Tests, die Angst vor dem Unerwarteten, das auf sie zukommt, und der Schmerz. Das ist wichtig für sie. Wir sagen immer: ‹Wenn du wirklich eintreten willst, mußt du dein Ich draußen lassen. Dann wirst du keine Schwierigkeiten mit der Schulung haben. Wenn du aber dein Ich mit hineinnimmst, wirst nicht nur du selbst nichts als Schwierigkeiten haben, sondern auch der Gemeinschaft wirst du Schwierigkeiten bereiten.› Es geht dabei um das Sanfterwerden des Ich, darum, es los- und draußenzulassen. Deshalb ist die Behandlung so hart – und muß es auch sein. Aber noch ein anderer und sehr wichtiger Zweck wird damit verfolgt, obwohl der Postulant davon nichts weiß. Drei Tage lang ununterbrochen in Hockstellung zu verharren ist fast unmöglich. Wir wissen das aus eigener Erfahrung. Darum jagen wir den Postulanten hinaus, stoßen ihn mehrmals zu Boden, und während wir ihn rauh anpakken, achten wir darauf, daß seine Muskeln sich etwas lockern. Dann bewachen wir das Tor, so daß er die Möglichkeit hat, für eine Weile in aufrechter Haltung zu sitzen. Wenn er sich etwas erholt hat, lassen wir ihn wieder herein, und er muß sich erneut in Hockstellung begeben. Junge, kleine und schwächliche Postulanten werfen wir drei- bis viermal täglich hinaus. Bei den robusteren ist das nur zweimal nötig. Auch für uns ist das schwere Arbeit, aber ohne unsere ‹Grobheit› könnte niemand diese Strapaze aushalten.»

Wir sehen daran, wie die lebendige Praxis, die lebendige Erfahrung nach zwei Seiten hin wirksam ist. Da ist einmal die rauhe Art der Prüfung, ob die Disziplin des Postulanten ihm bis jetzt genügend Stärke verliehen hat – nicht nur, um die Prozedur durchzustehen, sondern, was noch wichtiger ist, um Haltung zu bewahren. Meister Hakuins Worte kommen einem da in den Sinn: «Zu tragen, was untragbar ist, und zu erdulden, was nicht erduldet werden kann.» Ein solches Aushalten kann einen in ein heulendes Häufchen widerstreitender Gefühle verwandeln. Wirkliche religiöse Disziplin, die über Jahre hin einen Menschen formt, verwandelt das Gewirr von Emotionen in die Festigkeit und Stärke, unter allen Umständen sowohl Verstand als auch Haltung bewahren zu können – eine positive Kraft, ohne die eine weitere Schulung oder Entwicklung nicht stattfinden kann. Wie Meister Rinzai sagte: «Die alten Meister hatten Mittel und Wege, Männer zu formen.» Wo das noch lebendige Tradition ist, da wird auch die andere Seite sichtbar: ein Verstehen solcher Prüfungen und Übergangszeiten. Und wenn auch verborgen, so werden doch die nötige Hilfe und Unterstützung gegeben.

Nachdem der Postulant diese drei Tage in der Eingangshalle durchgehalten hat, wird ihm am vierten Tag erlaubt, das eigentliche Gebäude zu betreten. Er wird in einen kleinen Anbau des Schreinraums gebracht, wo er sich mit seinem Bündel für drei weitere Tage aufhält. Die ganze Zeit sitzt er vor einem brennenden Räucherstäbchen mit dem Gesicht zur Wand. Wiederum erhält er sein Essen und darf nachts schlafen, aber ansonsten verharrt er in dieser Position, wobei er nicht einmal die Erleichterung hat, gelegentlich hinausgeworfen zu werden. Drei Seiten des Anbaus sind Wind und Wetter preisgegeben und zudem für jedermann einzusehen, der zufällig vorbeikommt oder nachschaut, wie er sich hält. Wenn er einem Juckreiz nachgibt oder sich sonst nur leicht bewegt, stürzt man sich sofort auf ihn. So vergehen drei weitere Tage.

Einige Postulanten geben auf, und dafür werden sie nicht getadelt. Aber überraschenderweise kommt das nur selten vor.

Am Abend des sechsten Tages wird der Postulant zum Hauptmönch gerufen, der ihn noch einmal ermahnt, sein Ich draußen zu lassen und hart zu arbeiten. Er wird dann in die Meditationshalle geführt, die auch als Schlafraum dient. Hier wirft er sich nieder vor Mañjushrī, der in jeder Meditationshalle verehrt wird, dem Bodhisattva, der die Bande der Unwissenheit mit seinem Schwert der Weisheit durchschlägt. Der Keisaku, der flache schwertähnliche Stock, ist ein Symbol dieses Schwertes, das uns bei unserer Schulung hilft. Dem neuen Mönch wird dann sein Platz in der Halle angewiesen, wo er sitzt und schläft.

Damit ist er in die Gemeinschaft der Mönche aufgenommen und nun ein Erstjahresmönch. Das heißt, daß er jedermann auf den leisesten Wink hin zu gehorchen hat, sogar einem anderen Erstjahresmönch, der zufällig einen Tag früher als er eingetreten ist. Den Oberen und Älteren schuldet er absoluten Gehorsam. Von einem Erstjahresmönch sagt man, daß er weder seine Zähne zeigen noch lächeln darf. Das einzige, was man von ihm erwartet, ist, «ja» zu sagen, wenn er angesprochen wird, und das mit gesenktem Kopf.

Als Erstjahresmönch beginnt er auch mit Sanzen, den Kōan-«Interviews» beim Meister. *Kōan* – wörtlich übersetzt: «öffentliche Dokumente» – sind überlieferte Aufzeichnungen von Fragen oder Sätzen, die sich als hilfreich erwiesen haben, einen Schüler zum Erwachen zu verhelfen. Zu diesem Zweck werden sie in der

Rinzai-Schule des Zen angewandt. In der Überlieferung heißt es, sie dienten dazu, gegen «die Tür zu klopfen» – um die torlose Schranke zu öffnen.

Der neue Mönch lernt auch weitere Sūtras sowie das hölzerne Klangbrett, die Trommel, die Klappern und den hölzernen Fisch im richtigen Rhythmus anzuschlagen. Letzterer, eine hohle hölzerne Trommel in Gestalt eines verkürzten Karpfens, kann unterschiedlich groß sein und kommt beim Rezitieren zum Einsatz, wobei die jeweiligen Schläge Geschwindigkeit und Rhythmus vorgeben. Ebenso lernt er, die Eröffnung des Sūtra-Sprechgesangs zu leiten.

Dieses Lernen hat, wie alles Lernen in der Zen-Schulung, eine stark körperliche Komponente und verläuft dem Sprichwort gemäß: «Besser als lernen ist sich daran gewöhnen.» Anstatt sich den Kopf mit dem «Wie könnte ich, wie sollte ich» vollzustopfen und von all der Kompliziertheit ganz verwirrt zu werden, probier es einfach, probier es wieder... und probier es, bis es läuft. Wann immer dem jungen Mönch eine Aufgabe gestellt wird – die Hauptaufgaben wechseln alle sechs Monate –, erhält er lediglich einige Grundanweisungen. Dann erwartet man von ihm, daß er selbst zurechtkommt. Er kann in seiner freien Zeit üben und einen älteren Bruder bitten, ihn zu überprüfen und zu korrigieren. Sein erster «öffentlicher Auftritt» fällt gewöhnlich mit der Eröffnungszeremonie für eine besondere Schulungszeit zusammen. Sollte er dabei nicht ein zumindest durchschnittliches Niveau erreichen, wird er möglicherweise vom Hauptmönch oder vom Meister unter Gebrüll korrigiert. Es sagt viel über die Kraft, die Form zu wahren, und über die lange Übung des Gehorsams, daß ich nie einen Mönch erlebt habe, der durch solch eine heftige öffentliche Zurechtweisung zu weiteren Fehlern verleitet worden wäre.

Vor allem aber muß sich der junge Mönch in den üblichen Jahreslauf des Klosterlebens einfügen. Die Haltung, sich leicht und geschmeidig wechselnden Situationen anzupassen, wird gefördert und gefordert. Wenig wird öffentlich gelehrt. Vom jungen Mönch erwartet man, daß er seine Augen offenhält, daß er mitbekommt, wie Dinge schnell und geschickt getan werden und daß er sich das auch merkt. Nach diesen Fähigkeiten wird er beurteilt, und das ist auch richtig so, denn «meine Art» ist die Art des Ich, und die muß abgelegt werden.

Monastisches Leben ist geordnetes, geregeltes Leben. Der Tag beginnt damit, daß der diensthabende Mönch mit raschem Schritt den Schlafbezirk durchquert, um mit Morgenruf und Glocke die Schlafenden zu wecken. Alle stehen sofort auf und rollen ihre Schlafmatten zusammen. Die große Glocke, die in einem kleinen Turm über dem Eingangstor zum eingefriedeten Bereich hängt, ertönt etwa eine Viertelstunde lang – soviel Zeit hat man für die Morgentoilette. Das heißt, man zieht sich an und rennt in den Vorhof, wo man sich, um einen runden Trog stehend, kaltes Wasser ins Gesicht klatscht und den Mund spült, wobei hölzerne Kellen zum Schöpfen des Wassers dienen.

Danach gehen die Mönche hintereinander in den Schreinraum zum Sūtra-Sprechgesang. Ein überdachter Trittsteinweg führt vom Bezirk der Mönche zum Schreinraum. Entsprechend der japanischen Tradition ist Fußbekleidung außerhalb des Hauses geboten. Sie wird aber abgelegt, sobald man das Haus betritt oder überhaupt in den Innenbereich kommt. Die Mönche tragen die traditionellen Strohsandalen mit Riemen an bloßen Füßen. Diese sind Gemeineigentum. Sie werden sorgfältig in Reih und Glied auf die Eingangsstufe gestellt, und zwar so, daß die Spitze nach außen zeigt. Wenn man das Haus verlassen will, schlüpft man hinein und geht hinaus.

Der Zendō-Hauptmönch führt die Prozession der Mönche an, wobei er mit einer kleinen Glocke, die an einem Haltegriff befestigt ist, alle nötigen Signale gibt: für das Eintreten, das Sichverneigen und Sichniedersetzen auf die Tatamimatten, die in Tempeln und traditionellen japanischen Häusern den Fußboden bilden. Dann wird der große Gong angeschlagen und der Sprechgesang beginnt. Auch der Meister kommt aus seinen Wohnräumen, um teilzunehmen.

Danach werden die Mönche in die Meditationshalle zurückgeführt, wo eine kurze Rezitation stattfindet. Der diensthabende Mönch geht inzwischen durch das Haus und rezitiert vor jedem einzelnen kleinen Schrein, vor allem in der Küche, im Bad, den Toiletten und der Eingangshalle. Dann beginnt Zazen (Zen im Sitzen), und bald schon ertönt die Sanzen-Glocke, woraufhin sich die Mönche ein weiteres Mal im Gänsemarsch hinausbegeben, um kniend ihren Platz hinter der Sanzen-Glocke einzunehmen und zu warten, bis sie zum Meister vorgelassen werden.

Sobald der Mönch hört, daß sein Vordermann die Glocke angeschlagen hat und zu seinem Sanzen hinausgeht, verneigt er sich, steht auf, verneigt sich tief und geht nach vorn, um seinen Platz bei der Glocke einzunehmen. Wenn der Klang der Handglocke des Meisters im Sanzen-Raum das Ende des gegenwärtigen

«Interviews» anzeigt, schlägt er zweimal die Glocke an, steht auf, verneigt sich und geht zum Meister.

Traditionsgemäß sind Rinzai-Zen-Sanzen kurz und können scharf und heftig sein, jedoch wird beim Betreten und Verlassen des Raumes vollendete Form gewahrt: Man wirft sich sowohl an der Türschwelle als auch vor dem Meister nieder. Ist das Sanzen vorbei, geht der Mönch zurück in die Meditationshalle. Sobald die Signale für das Ende der Sanzen gegeben werden, ertönt die Frühstücksglocke und alle gehen in Reih und Glied hintereinander ins Refektorium. Beim ersten Tageslicht – das ist entweder während des Sanzen oder während des Frühstücks – wird der hölzerne Block in einem besonderen Rhythmus angeschlagen. Die Zeit dafür ist morgens, wenn man im Raum die Linien seiner Handfläche sehen kann, und abends, wenn sie nicht mehr sichtbar sind.

Nach dem Frühstück ist als erstes das Fegen außerhalb der Klosterpforte dran, dann werden die hölzernen Fußböden drinnen gekehrt und naß gewischt, ebenso die Gänge, die um die einzelnen Gebäude herumführen und sie miteinander verbinden, als da sind der Schreinraum, die Wohnräume des Meisters, die Hauptgebäude und die Meditationshalle mit ihren An- und Vorbauten.

Tagsüber wird in den Gärten und auf dem Grundstück gearbeitet. Mittagessen ist vor zwölf Uhr. Normalerweise gibt es danach fast eine Stunde Pause, die man zum Studium, zum Lesen von Texten oder auch zum Ruhen verwenden kann. Dann geht es mit Arbeit weiter bis etwa fünf Uhr abends (im Sommer), der Zeit für das «medizinische Mahl». Es wird ohne Sprechgesang eingenommen und besteht aus übriggebliebenem Reis, heißem Tee und Pickles, eventuell auch einem Rest Suppe, der aufgewärmt wird.

Im indischen Sangha, der «Gemeinschaft der Mönche», gab es zwei Mahlzeiten täglich, und nach dem Mittagessen nahm man nichts mehr zu sich. Diese Regel gilt immer noch. In einem kalten Land aber wie Japan im Winter sowie in den frühen Zen-Klöstern in China, die in abgelegenen Gegenden entstanden und Selbstversorger auch hinsichtlich der Nahrung sein mußten, wurde körperliche Arbeit für die Mönche zur Regel. Das war anders im südlichen Sangha, wo man um Nahrung lediglich bettelte. Die «Hyakujō-Regeln», die durch Meister Hyakujō für die frühen chinesischen Zen-Gemeinschaften aufgestellt wurden, werden von den Zen-Klöstern in Japan immer noch befolgt. Sein Grundsatz war: «Ein Tag ohne Arbeit ist ein Tag ohne Essen.» Und er hielt sich selbst daran. Als seine Mönche seine Arbeitsgeräte versteckten, um den alten, gebrechlichen Meister davor zu bewahren, sich zu überanstrengen, weigerte er sich zu essen; daraufhin gab man ihm seine Arbeitsgeräte wieder. Da nun kälteres Klima und schwere körperliche Arbeit einen Abendimbiß zur Erhaltung von Kraft und Gesundheit wünschenswert erscheinen lassen, wird er mehr als Gesundheitsmaßnahme denn als Nahrung betrachtet und geht ohne Sūtra-Rezitation schnell vor sich.

Die Morgen- und Mittagsmahlzeiten betrachtet man als besondere Form der Meditation und Sammlung. Der Zendō-Hauptmönch führt die Mönche ins Refektorium. Sie stellen sich auf, den Satz von Eßschalen, den sie mitgebracht haben, in Händen. Der Hauptmönch gibt ein Zeichen mit den Klappern, alle verneigen sich und setzen sich hin. Der Sprechgesang beginnt. Währenddessen wird das Essen ausgeteilt. Auf ein weiteres Zeichen hin nimmt man das Mahl schweigend ein. Durchgehend herrscht strenger Formalismus. Hinterher wird Tee oder nur heißes Wasser gereicht, was auch dazu dient, die Schalen zu spülen, während die Danksagung angestimmt wird. Die Schalen werden dann mit dem Tuch, das ihnen beigegeben ist, getrocknet und wieder in das Umschlagtuch eingebunden. Das Signal für das Ende der Mahlzeit ertönt, alle stehen auf, verneigen sich wieder und werden in die Meditationshalle zurückgeführt.

Obwohl während des «medizinischen Mahls» dasselbe Schweigen herrscht, gibt es keine Sūtra-Rezitation. Danach ist bis zehn Uhr abends Zazen mit Sanzen. Ein freier Abend ist selten.

So schaut das Leben eines jungen Mönchs aus, wenn er in die Gemeinschaft aufgenommen wurde. Die Zeit hierfür ist gewöhnlich Ende März oder Anfang April. Obwohl neue Postulanten die Möglichkeit haben, sich sowohl zur Sommer- als auch zur Winterschulung einzufinden, ist doch die Sommerzeit leichter hinsichtlich des Wetters und der Sitzzeiten. Insofern ist es Brauch, zu dieser Zeit anzukommen.

Wenn der junge Mönch sich erst einmal eingelebt hat, geht alles seinen Gang, aber bis jetzt weiß er wenig über die Unterbrechungen der Alltagsroutine, die das monastische Jahr entsprechend den Jahreszeiten gliedern.

Mitte April ist normalerweise die Zeit, um in ländlichen Gegenden eine Woche lang auf Betteltour zu gehen. Das kann recht anstrengend werden, denn die Mönche haben bei jedem Wetter loszuziehen, auch bei Schnee. An den Füßen tragen sie nur ihre Strohsandalen, deren Riemen die Haut wundreiben. Dabei müssen sie die wachsende Last von erbetteltem Reis mit sich schleppen. Nachts finden sie in Tempeln Unterkunft.

Ende April ist das erste Kleine Sesshin, das den Beginn der Sommerschulung am 1. Mai ankündigt, und auch das Große Sesshin, das danach beginnt. *Sesshin* bedeutet soviel wie «Sammlung des Herzens» und ist eine Zeit intensiver Meditation, in der andere Arbeit weitgehend unterbleibt. Kleine Sesshin dauern fünf Tage mit einem gewissen Maß an Arbeit, Große Sesshin erstrecken sich über sieben Tage, in denen nur das unbedingt Notwendige getan wird. Es gibt sieben Große Sesshin im Jahr, drei während der Sommer- und vier während der Winterschulung.

Am Abend vor dem Großen Sesshin nehmen die Mönche zusammen mit dem Meister den traditionellen Tee ein. Die Eröffnungszeremonie für die Sommerschulung beginnt mit einem besonderen Teishō, das später als üblich, um acht Uhr morgens, abgehalten wird. In einem Teishō liest und kommentiert der Meister einen der Kōan-Texte. Normalerweise findet ein solches Teishō zwei- bis dreimal die Woche statt, allerdings nur während der besonderen Schulungszeiten, die insgesamt sieben Monate pro Jahr ausmachen. Es braucht ungefähr ein Jahr, um die Kōan-Sammlung *Mumonkan* zu durchlaufen.

Das Teishō wird eingeläutet von der großen Glocke über dem Tor, die in denselben Intervallen wie am frühen Morgen angeschlagen wird. Das Holzbrett nimmt dann den Klang auf, und zwar im Rhythmus, wie er bei der Morgen- und Abenddämmerung üblich ist. Sein letzter Schlag ist für die große Trommel außerhalb des Schreinraums das Zeichen zum Beginn. Die Trommelschläge steigern sich nach und nach zu einem Wirbel, während die Mönche in den Schreinraum geführt werden und ihre Plätze einnehmen. Beim letzten Crescendo betritt der Meister den Raum, begleitet vom Hauptmönch, der das sorgfältig in Brokat eingeschlagene Textbuch trägt.

Auch andere Priester und einige dem Kloster besonders verbundene Laien kommen zum Eröffnungs-Teishō. Der Schreinraum ist mit festlichen Kerzenleuchtern, Räucherstäbchen, Blumen und Brokatantependien geschmückt, ansonsten folgt der Ablauf dem üblichen Teishō-Ritual.

Der Meister nähert sich und betritt den Schreinraum, wenn die Trommel das Crescendo erreicht, das augenblicklich abbricht, sobald er sich verneigt. Gleichzeitig wird der große Gong angeschlagen und der Sūtra-Sprechgesang beginnt. Der Meister nimmt daran teil oder, genauer gesagt: Er demonstriert den Geist des Sūtra, indem er sich verneigt, seine Bodenmatte vor dem Altar ausbreitet, sich niederwirft, wieder aufsteht, ein paar Schritte geht, Weihrauch auf die glühende Kohle streut, sich zur Matte zurückbegibt, um sich erneut niederzuwerfen, und schließlich am Ende des Sprechgesangs zum traditionellen Hohen Sitz emporsteigt. Das Lesepult befindet sich vor ihm, darauf der für ihn aufgeschlagene Text. Sobald der Sūtra-Gesang endet, liest er eine kurze Passage daraus vor. Man reicht ihm eine Schale des starken traditionellen Tees, den er trinkt. Dann beginnt er mit dem Teishō (Textkommentar). Was immer er sagt oder tut ist für seine Schüler «richtungweisend».

Für das Eröffnungs-Teishō ist die Sūtra-Rezitation

länger. Nachdem sich der Meister vom Hohen Sitz herabbegeben hat, wirft er sich erneut nieder. Auch alle übrigen werfen sich nieder, die Stirn am Boden – und die «Zeit intensiver Schulung» wird für eröffnet erklärt.

Darauf folgt für alle Teilnehmer ein gemeinsames Essen. Um ein Uhr mittags ist alles sauber und aufgeräumt, und das Sesshin wird fortgesetzt. Die Schlafenszeit ist eingeschränkt und dauert von elf Uhr nachts bis drei Uhr morgens. Die meiste Zeit wird dabei in sitzender Meditation, Zazen, verbracht. «Sammlung des Herzens» meint, es von außen, wo es vergnügt herumtollt, zurückzuholen, damit es lernt, zu Hause zu bleiben oder auch sein eigenes Zuhause zu finden, von dem aus es dann aufbrechen kann, um aber wieder heimzukommen und so nie wieder den Weg nach Hause zu verlieren; nicht länger ein heimatloser Fremdling, der von Umständen, über die er nicht Herr ist, umgetrieben wird.

Während der Großen Sesshin mit ihren langen Meditationszeiten sind drei Sanzen täglich die Regel, und zwar am frühen Morgen, nachmittags und am Abend.

Ein Sesshin ist eine Zeit geballter Anstrengung. Der neue Mönch ist Druck von zwei Seiten ausgesetzt. Einmal vom Zendō-Hauptmönch, der darauf achtet, daß er korrekt und aufmerksam sitzt, und dann vom Meister, der von ihm Einsicht in das erhaltene Kōan verlangt. Wenn bei fortschreitendem Sesshin die langen Sitzzeiten allmählich Spuren hinterlassen, kommt ein weiterer Kunstgriff zur Anwendung. Wenn der junge Mönch den Sanzen-Raum verläßt, um zur Meditationshalle zurückzukehren, wird er vom Zendō-Hauptmönch abgefangen, der ihm den Weg versperrt und ihm befiehlt, sich erneut für ein weiteres Sanzen in die Schlange einzureihen. Der so in die Enge Getriebene kann in die Lage kommen – und dazu ist er tatsächlich oft wild entschlossen –, sich seinen Weg zurück in die Meditationshalle erkämpfen zu müssen. Dann spielen sich manchmal recht lebhafte Szenen ab. Auch dies hat seinen Sinn. Denn das plötzliche Aufflammen emotionaler Energie kann dem Mönch aus einer Sackgasse helfen. Solche Zwischenfälle sind immer kurz und bleiben in wohlverstandenen Grenzen.

Aber auch ein Großes Sesshin geht schließlich zu Ende, und der Mönch beginnt, sich einzuleben. Fürs erste hat er die härtesten Prüfungen hinter sich, das «Bitten um Einlaß» und ein Großes Sesshin. Nun muß er lediglich mit der täglichen Routine eines recht harten Lebens fertig werden: dem Aufstehen um drei Uhr nachts, der einfachen manuellen Arbeit, dem völligen Gehorsam, dem einwandfreien Betragen, dem Mangel an Zeit für sich selbst und nicht zuletzt mit seinen Reaktionen auf dieses Leben und auf seine älteren Brüder. Er arbeitet, ißt, schläft und sitzt mit ihnen. Es läßt sich nicht vermeiden, daß er etwas oder jemanden ärgerlich und schwierig findet.

Seine nächsten Gefährten sind die anderen Erstjahres-Mönche. Nur mit ihnen kann er wirklich ein paar Worte wechseln und so seinen Gefühlen einmal Luft machen. Anfang Juni wechseln die Mönche zu ihren Sommerroben über. Mitte Juni, in der Mitte der Sommerschulung, ist das zweite Große Sesshin. Es ist noch unangenehmer als das Mai-Sesshin, weil es in die Regenzeit fällt und die Stechmücken in der schwülen Hitze herumschwirren und nach Opfern suchen.

Auch die Arbeit fällt schwer. Das Unkraut gedeiht

unter diesen Wetterbedingungen prächtig, und die Gärten erfordern viel Pflege. Da gibt es kein Entrinnen vor der feuchten Hitze, und die Anspannung hinterläßt allmählich ihre Spuren.

Das ist die Zeit, da zu jener gesegneten Stunde nach dem Mittagessen die jungen Mönche in einer Gartenecke außer Sichtweite zusammenkauern, miteinander reden, ihrem Unmut Luft machen und begreifen, daß sie alle im selben Boot sitzen. Es fallen auch ermunternde Worte, oder es wird einmal ein Witz erzählt, was ihr Los erträglicher macht. Das ist – obwohl die jungen Mönche nichts davon wissen – durchaus beabsichtigt und soll ihnen das Einleben erleichtern.

Ich erinnere mich an ein Jahr, als es nur einen einzigen neuen Mönch gab. Ihm ins Gesicht war jedermann so barsch und schroff wie üblich, aber hinter seinem Rücken beriet man, was zu tun und wie ihm zu helfen sei, da er niemanden zur Seite hatte und somit keine Erleichterung durch einen Schicksalsgenossen. So fand er täglich einen Apfel oder anderes Obst, oder etwas Süßes unter seinem Sitzkissen, und der servierende Mönch fischte wie zufällig das leckerste Stück heraus, wenn er das Essen in seine Schale schöpfte; eine tägliche kleine Freude, die ihm helfen sollte – und der Trick erfüllte seinen Zweck. Er wurde ein prächtiger Mönch und später ein guter Priester.

Wenn die Mönche desselben Jahrgangs gemeinsam die Schwierigkeiten bestehen, knüpft das ein sehr festes Band zwischen ihnen. Auch nach Verlassen des Klosters, selbst wenn sie dann sehr weit voneinander entfernt leben sollten, werden sie sich gelegentlich besuchen und für den Rest ihres Lebens Neujahrsgrüße austauschen.

Der 15. Juli ist der Tag, an dem die Klostergemeinschaft O Bon feiert. (Die großen öffentlichen Zeremonien für O Bon finden vom 14.–16. August statt.) Am Tag selbst wird die Meditationshalle geschmückt. Jeder Mönch richtet auf seinem Platz einen kleinen Familienaltar her, mit Ahnentafeln, Opfergaben und vielen Laternen, die er selbst gebastelt hat. In der Mitte der Meditationshalle, mit dem Rücken zu Mañjushrīs Schrein, ist die große Laterna magica aufgehängt, eine Gemeinschaftsarbeit mit Darstellungen von ernsten oder heiteren Szenen aus dem klösterlichen Leben – oder auch andere Schöpfungen der Phantasie.

Zu dieser Jahreszeit ist der Regen fast vorüber, und die wirkliche Hitze beginnt. Für das Abendessen, an dem alle Besucher teilnehmen, werden Unmengen von dünnen Buchweizennudeln vorbereitet. Sie sind in Japan als erfrischende Sommerkost sehr beliebt und werden im Küchenbrunnen oder, falls vorhanden, auf Eis gekühlt. Man stippt die Nudeln in eine kalte Soße aus Sojabohnen, feingeschnittenen Frühlingszwiebeln, gemahlenen Sesamkernen und gebratenen Tofu-Stückchen – ein wirklicher Hochgenuß.

O Bon ist ein jährliches Familientreffen, wo Lebende und Tote wieder zusammenkommen, es ist eher eine Zeit festlichen Gedenkens als der Traurigkeit.

Die Besucher kommen, kurz bevor es dunkel wird. Alle haben irgendeine Beziehung zum Kloster – entweder befinden sich hier ihre Familiengräber oder sie wohnen in der Nachbarschaft, oder sie sind Wohltäter und Gönner.

An diesem einen Tag ist die Meditationshalle offen für alle – auch die Kinder werden mitgebracht. Ein Teil des Fußbodens ist mit dem traditionellen roten Teppich ausgelegt, und der Teekoch sitzt bei einem Holzkohlenöfchen mit dem singenden Kessel, bereit, süße Leckerbissen und den traditionellen Tee zu servieren. Eine fröhliche, festliche Stimmung erfüllt den Raum.

Während nun die Besucher umhergehen und die Dekorationen samt Laternen bewundern, lassen sowohl Kinder als auch Erwachsene wissen, welche Laternen sie gern mit nach Hause nehmen würden. Kleine rote Zettel werden von den stolzen Herstellern daran angebracht zum Zeichen, daß diese Laterne schon vergeben ist. Idealerweise findet jede Laterne einen Abnehmer, so daß «nichts» übrigbleibt.

Wenn es zu dämmern beginnt, wird das Holzbrett wie üblich angeschlagen. Die Mönche stellen sich entlang der Meditationsplattform auf, jeder bei seinem Platz. Die Besucher nehmen ihre Plätze am Ende der Halle ein. Der Meister erscheint, wie immer begleitet vom Hauptmönch. Er betritt die Halle durch den Vordereingang, wirft sich vor Mañjushrī nieder, ergreift die brennenden Räucherstäbchen, die man ihm reicht, besteigt die Plattform, und während er von Platz zu Platz geht, steckt er ein brennendes Räucherstäbchen vor jede Ahnentafel. Die Mönche beginnen inzwischen mit dem Sutrā-Gesang. Sobald der Meister mit seiner Runde fertig ist, verläßt er die Halle wieder. Daraufhin werden die vorbestellten Laternen übergeben, im Refektorium werden die Nudeln serviert, und um halb neun Uhr abends ist alles vorüber. Die Mönche räumen auf, bekommen ihren Teil Nudeln, die Disziplin ist weniger streng, und ein fröhlicher, geselliger Abend schließt sich an.

Ende Juli findet das Große Sesshin statt, mit dem die

Sommerschulung zu Ende geht. Wegen der Hitze und der Stechmücken ist es eines der schlimmsten. Am letzten Tag findet die übliche formelle Schlußzeremonie statt, die denselben Ablauf hat wie die Eröffnungszeremonie zu Beginn der Schulungszeit. Nach dem letzten Teishō wird der Hohe Sitz aus dem Schreinraum entfernt. Um die Mittagszeit ist alles aufgeräumt, und das Sesshin geht weiter bis zum Abend. Nach dem letzten Sanzen, etwa halb neun Uhr abends, gibt es in der Meditationshalle Tee – wie immer nach Sanzen, aber am Ende eines Sesshin ist diese Pause länger. Hinterher wird nur noch kurz gesessen, und dann geht es zeitig zu Bett. Am nächsten Morgen dürfen die Mönche bis etwa sechs Uhr ausschlafen.

Eine Woche oder zehn Tage lang ist danach die Disziplin etwas gelockert; damit ist die Zwischenperiode eingeleitet. In dieser Woche werden alle Ämter gewechselt. Hauptmönch, Zendō-Hauptmönch und Chefkoch tauschen miteinander ihre Aufgaben und Unterkünfte. Unter den jüngeren Mönchen wechseln der Aufwärter des Meisters, der Mönch, der den Sprechgesang anführt, sowie die Küchenhelfer ihre Aufgaben, so daß nach und nach jeder Mönch die verschiedenen Bereiche kennenlernt.

Die beiden Hauptmönche, der Chefkoch und der Aufwärter des Meisters haben eigene Räume, letzterer in der Nähe des Meisters, damit er jederzeit zur Stelle ist, wenn er gebraucht wird. Die übrigen schlafen in der Meditationshalle.

In dieser Zeit besteht auch die Möglichkeit, das Kloster vorübergehend zu verlassen, im allgemeinen um den Dharma-Vater aufzusuchen. Freilich dürfen die älteren Mönche auch ihre Eltern besuchen oder auf

Reisen gehen. Sollte es dem Dharma-Vater an Unterstützung für die Vorbereitungen zu den öffentlichen O-Bon-Feierlichkeiten Mitte August mangeln, kann er den Mönch zu seiner Hilfe dabehalten und ihn erst danach ins Kloster zurückschicken.

Die Sommerzwischenperiode ist für das Kloster auch eine sehr geschäftige Zeit. Garten und Küchenbeete brauchen jetzt viel Pflege – Säubern, Unkrautjäten und das Beschneiden der Sträucher –, desgleichen der Friedhof. Die Tage sind lang, und gearbeitet wird, bis es dunkel ist. Das «medizinische Mahl» wird spät eingenommen, die Mönche sind todmüde und dürfen bald zu Bett.

Die Mönche können auch Wohltätern des Klosters ihre Arbeitskraft zur Verfügung stellen. Sie werden eingeladen, Bäume zu fällen, Tee zu pflücken oder andere Aufgaben zu verrichten. Einen Teil des Holzes dürfen sie behalten, und ganz gewiß bringen sie die Wurzeln als Brennmaterial mit sowie die minderen groben Teeblätter, die sie trocknen und für den eigenen Gebrauch rösten. Das Bad wird mit Holz geheizt, und auch in der Küche braucht man Holz. Da gibt es eine Menge zu sägen und kleinzuhacken. Und obwohl der Chefkoch üblicherweise selbst pflanzt und sät, ist doch das Umgraben, Hacken und Jäten des Küchengartens Sache der Gemeinschaft.

Das Beschneiden der Sträucher und Bäume in den Klostergärten verlangt fachmännisches Geschick, das die Mönche erwerben müssen. Innerhalb und außerhalb der Klosterumzäunung sind die Blätter der vielen Bäume aufzusammeln – eine nie enden wollende Arbeit –, ebenso die Nadeln der Kiefern, die in keinem japanischen Garten fehlen dürfen.

Die Septembermitte ist wieder eine besonders geschäftige Zeit wegen der Vorbereitungen für die großen religiösen Feiern zur Tagundnachtgleiche, die zugleich Feiern für die Toten sind, diesmal für die jüngst Verstorbenen. Das ganze Grundstück samt den Gärten wird gründlichst gesäubert. Alle gepflasterten Wege und die hölzernen Gänge werden geschrubbt, Teehäuser und Vorbauten in einen blitzsauberen Zustand gebracht und die Hauptgebäude einer Extrareinigung unterzogen. Man erwartet mehrere hundert Gäste, die alle beköstigt werden wollen. Alle Lackwaren werden herausgenommen und vorsorglich gespült. Der Vortag ist ausgefüllt mit den Kochvorbereitungen für das traditionelle vegetarische Festessen. Obwohl den Mönchen außerhalb des Klosters erlaubt ist zu essen, was es gerade gibt – und das wird auch von ihnen erwartet –, besteht doch die Regel, daß weder Fleisch noch Fisch das Klostertor passieren darf. In einem traditionellen Kloster sind die Mönche stolz auf ihre Kochkünste, und der Hauptkoch zeigt Geschick und Erfindungsreichtum, dem traditionellen Essen eine besondere Note zu geben. Normalerweise ist die Nahrung recht einfach, aber ausreichend: Reis, eine Gemüse- oder Tofusuppe und Salzpickles, die von den Mönchen selbst hergestellt werden. Tatsächlich wurde eines der bekanntesten japanischen Salzgemüse, die Riesenrettich-Pickles, in einem Kloster «erfunden».

Am Nachmittag vor den Feierlichkeiten wird die Schreinhalle mit den festlichen Bannern geschmückt, ein großer Altar wird davor errichtet, Opfergaben und Ahnentafeln werden daraufgestellt und beschriftete Fähnchen darauf oder drumherum angebracht.

Bei Anbruch des Tages finden sich Frauen im Kloster ein, um in der Küche zu helfen, besonders beim Abwaschen und Trocknen des Lackgeschirrs. Denn obwohl das Kloster eine Menge Geschirr besitzt, wird die Mahlzeit gewöhnlich in zwei Schichten serviert, um all die vielen Besucher bewirten zu können. Jede Portion wird auf einem Lacktablett angerichtet, sechs Schälchen pro Tablett, vier mit Deckeln – so sorgen über hundert Gäste für einen arbeitsreichen Tag!

Die Mönche lieben diese festlichen Tage. Die Disziplin ist nicht so streng, sie sind gern Gastgeber, und sie haben Gelegenheit, sich ganz ungezwungen mit Laien zu unterhalten und von deren Sorgen zu hören. Die Mönche haben zwar auch Probleme, aber die sind anderer Natur. Ist der Mönch einmal Priester geworden, ist es wichtig für ihn, mit den Problemen des Laienstandes vertraut zu sein. Aber solche Kontakte sind ihm auch Ermutigung in der Wahl, die er getroffen hat.

Die Feier selbst ist verhältnismäßig kurz. Priester benachbarter Tempel und auch Laien nehmen daran teil. Sūtras werden angestimmt, und der Meister weiht den Altar. Dann werden die Namen all derer verlesen, die im letzten Jahr verstorben sind. Man opfert den Toten, der Meister hält eine kurze Rede, weiterer Sprechgesang folgt, und schließlich opfert einer nach dem anderen Weihrauch: Meister, Priester, Mönche und Laien. Damit ist die Feier zu Ende.

Die Mönche bringen das Essen, auch einen Becher Sake oder Reiswein. Wenn alle Gäste gegangen sind, nehmen Mönche und Helfer ihre Mahlzeit ein, alles wird aufgeräumt, und am Nachmittag sind wieder normale Verhältnisse eingekehrt. Den Rest des Tages geht es geruhsam zu. Danach wechselt der Zeitplan in den Winterrhythmus – mit Aufstehen um vier Uhr morgens.

Der 5. Oktober ist Bodhidharmas Todestag – warum man gerade dieses Datum gewählt hat, ist nicht bekannt. Wie ja auch Weihnachten werden solche Gedenktage durch die Tradition bestimmt. Auch an diesem Feiertag können die Mönche nach dem zeremoniellen Teil etwas ausspannen.

Eines der großen festlichen Ereignisse des Klosterlebens ist der Todestag des Klostergründers. Die Gedenkfeier findet im Schreinraum statt. Priester von benachbarten Tempeln nehmen ebenso daran teil wie Laien, die mit dem Kloster in Verbindung stehen. Der Meister führt Priester und Mönche an, und während der Sūtra-Gesang erklingt, schreiten sie in einer bestimmten, vorgeschriebenen Weise den Raum ab. Wie immer nach Zeremonien gibt es danach für alle ein Essen.

Die Ernährung im Kloster ist einfach. Es gibt jedoch auch Gelegenheiten für ein ausgiebiges Mahl. Allerdings nicht im Kloster selbst, von den besonderen Festtagen einmal abgesehen. Bei Todesfällen oder zu einem Todesgedenktag werden Mönche in die Häuser gebeten, um Sūtras zu lesen. Die Mönche unterziehen sich dieser Pflicht der Reihe nach, werden jedesmal hinterher gut bewirtet und bringen auch noch eine Spende für das Kloster mit. Es gibt auch den Brauch, Mönche zu einem Dāna-Essen einzuladen, entweder die ganze Mönchsgemeinschaft oder, wo das aus räumlichen oder finanziellen Gründen nicht möglich ist, mehrere Mönche zusammen, aber nie einen Mönch allein. Angeführt von einem älteren Mönch, ziehen sie im Gänsemarsch zu ihrem Gastgeber, denn sowohl innerhalb als auch außerhalb des Klosters sind die Verhaltensvorschriften streng. Nach ihrer Ankunft rezitieren sie Sūtras und bekommen dann reichlich zu essen, denn auch Mönche, besonders die jungen, können einen gesegneten Appetit entwickeln. Eine fröhliche Atmosphäre herrscht bei solchen Gelegenheiten, und auch Sake macht die Runde, aber die Grenzen guten Betragens werden nie überschritten.

Rinzai-Zen ist mit Ritualen nicht überfrachtet. Sie dienen der Gemeinschaft wie auch dem Zen-Schüler in der «Großen Sache», der Sache von Leben und Tod. Aber obgleich es nur ein Minimum an Ritualen gibt, sind doch die Regeln für das alltägliche Verhalten sehr streng, und der Tag ist gegliedert durch religiöse Übungen, von denen der Sūtra-Sprechgesang die wichtigste ist. Die Mönche müssen die Sūtras auswendig lernen. Während der Rezitation soll aber der Sinn der Worte nicht bedacht werden. Jedes Sūtra hat eine andere Melodie und einen anderen Rhythmus. Die Mönche singen mit voller Stimme und offener Kehle. Man muß das einmal selbst im Chor mitgemacht haben, um zu begreifen, wie guter Sprechgesang sowohl den geschwätzigen Geist wirkungsvoll leert als auch tief im Herzen etwas anrühren kann. Denn wenn der Geist still ist, ist das Herz offen.

Welche Sūtras auch immer angestimmt werden, sie enden ausnahmslos mit der dreimaligen Wiederholung der «Vier Großen Gelübde»:

> Der Geschöpfe sind zahllose – ich gelobe, sie alle zu retten.
> Der Leidenschaften sind unzählige – ich gelobe, sie alle auszurotten.

Der Dharma-Tore sind mannigfache – ich gelobe, durch alle zu gehen.
Der Buddha-Weg ist unübertrefflich – ich gelobe, ihn zu verwirklichen.

Ich habe oft Menschen des westlichen Kulturkreises Bedenken gegen diese Gelübde äußern hören, etwa von der Art: Wie ist es möglich, so etwas zu geloben? Selbst bei vollständiger Hingabe – wie könnte ich es wagen, mich zu so etwas zu verpflichten? Von unseren Voraussetzungen her betrachtet, scheint dies ein begreiflicher Einwand zu sein, aber er ist nicht stichhaltig. Natürlich kann *ich* allein, dieses illusorische, verblendete Ich, dessen Existenz von der buddhistischen Lehre geleugnet wird, nicht erwarten, ein solches Gelübde zu erfüllen.

Es gibt ein holländisches Sprichwort: «Gott hilft dem Seemann, aber steuern muß er selbst.» Es sind immer beide Seiten beteiligt, aber das ist für uns schwer zu verstehen, und noch schwerer ist es, in Einklang damit zu handeln: sich einer Sache völlig hingeben, sich nicht knauserig zurückhalten, aber zugleich wissen, daß meinem Tun und Handeln Grenzen gesetzt sind. Und wenn ich diese Grenzen anerkenne und trotzdem mein Allerbestes tue, all meine Kraft einsetze, wird mir auf irgendeine Weise die Hilfe der anderen Seite zuteil.

Deshalb legt der östliche Mensch diese Gelübde ab. Er weiß, er kann sie nicht halten, sie sind zu groß. Aber er kann sein Äußerstes geben, und er gelobt, das auch zu tun. Dadurch wird die helfende Hand des Bodhisattvas Kannon angerufen, des Bodhisattvas der Barmherzigkeit und Befreiung, um dem Schüler in seinem Bemühen beizustehen. Die Verbindung beider Seiten ist schon in der tiefen Hingabe begründet, die in den Gelübden ihren Ausdruck findet. Und genau das macht die Vier Großen Gelübde so wichtig und hochbedeutsam, und deshalb werden sie wieder und wieder angestimmt.

Mitte Oktober beginnt die Winterschulung mit Eröffnungszeremonie und Großem Sesshin. Mit dem Kürzerwerden der Tage werden die Abendsitzrunden länger. Anfang November werden die Winterkutten hervorgeholt. Im Kloster gibt es keine Heizung, und so ist der Winter eine sehr harte Zeit, denn warme Unterwäsche wird zwar angezogen, aber auf den Strohmatten und Holzgängen geht man barfuß, und außerhalb des Hauses trägt man lediglich Strohsandalen oder Clogs ohne Strümpfe. Und genau zu diesem Zeitpunkt findet die jährliche Betteltour um die Riesenrettiche statt, die die Mönche dann selbst zu Pickles verarbeiten.

Teishō, mehrmals die Woche Bettelngehen und jeden fünften Tag Baden, Rasieren und Wäschewaschen; die tägliche Arbeit des Blätterauflesens innerhalb und außerhalb des Klosterbereichs, Holzhacken, Putzen, Gartenarbeit: Die Zeit wird einem nicht lang im Kloster. Sowie der Dezember naht, beginnt das bevorstehende Große Rōhatsu-Sesshin zum Gedenken an die Erleuchtung des Buddha alle Klosterinsassen innerlich zu beschäftigen, und die neuen Mönche sehen ihm mit Spannung entgegen.

In der Mahāyāna-Schule wird der Tag von Buddhas Erleuchtung am 8. Dezember gefeiert. Der Legende nach hatte sich Gautama unter dem Bodhi-Baum niedergelassen mit dem festen Entschluß, nicht wieder aufzustehen, bis er auf den Grund seiner Fragen geschaut hätte. Am Morgen des 8. Dezember geschah es dann, daß er aufsah, den Morgenstern erblickte und der Erleuchtete, der Buddha wurde.

Im Gedenken an dieses Ereignis nehmen die Mönche in der Woche vom 1. bis zum Morgen des 8. Dezember äußerst harte Anstrengungen auf sich, und indem sie bereit sind, bis an ihre Grenzen zu gehen, folgen sie dem Beispiel des Buddha.

Alles Notwendige ist vorbereitet. Nahrungsvorräte wurden erbettelt, das Grundstück von allen Blättern gesäubert, auch eine große Menge Holz für das Küchenfeuer gesägt und kleingehackt; denn gearbeitet wird während des Sesshin nur in der Küche. Am Nachmittag davor haben die Mönche ein paar Stunden Zeit, um weitere Vorräte einzukaufen. An diesem Abend werden die Klosterpforten wie üblich für die Nacht geschlossen und bis zum 8. Dezember nicht mehr geöffnet. Es gibt den traditionellen Tee mit dem Meister. Und so wie Buddha gelobt hatte, bis zum endgültigen Ziel auszuharren, sind sich die Mönche darüber einig, daß sie eher sterben wollen, als ihren Versuch aufzugeben, die Ich-Verblendung zu durchbrechen.

Irgendwie fällt Rōhatsu immer mit dem ersten strengen Frost zusammen. Alle Schiebetüren und Fenster sind weit offen, und der Wind heult durchs Kloster. In den langen Sitzrunden abends und am frühen Morgen durchdringt die Kälte jede Faser. Der Zeitplan ist hart: Die Mönche stehen um zwei Uhr nachts auf, und abgesehen von den Mahlzeiten, dem Tee in der Meditationshalle, dem täglichen Teishō und vier Sanzen wird die ganze Zeit gesessen. Das Essen ist ausreichend. Und es gibt einen Extragenuß, etwas, worauf man sich freuen kann, wenn nichts mehr geht, und alles auf Felsengrund stößt: Um zehn Uhr abends, gerade wenn die Kälte sich daran macht, Mark und Bein zu durchdringen, gibt es im Refektorium eine kochendheiße, würzige Nudelsuppe – so viel, wie jeder essen kann.

Diese Beschreibung mag ein wenig seltsam klingen in den Ohren eines Lesers, der sich in einem angemessen beheizten Raum befindet, wohlgesättigt und einigermaßen frei, das zu tun, was er will. Um wirklich ermessen zu können, was diese wunderbare Gabe bedeutet, braucht man die lebendige Erfahrung – nicht unbedingt ein Rōhatsu-Sesshin, aber die Erfahrung des absolut und vollständig Reduziertseins: müde und erschöpft, ohne Aussicht auf Erleichterung oder ein baldiges Ende der Situation und zu gleicher Zeit aufs äußerste angespannt und alle Kräfte mobilisierend – wie Meister Hakuin sagt: ertragen, was nicht ertragen werden kann. Dann: aufstehen, die verkrampften Beine bewegen, sie auf dem Weg zum Refektorium ein wenig strecken, sich verneigen, sich hinsetzen und dann die himmlische Schale mit dampfend heißer Suppe empfangen; unsicher zuerst, ob man sie zum Wärmen der kältestarren Hände umfassen oder sich den Inhalt einverleiben soll, woraufhin sich dann die wohlige Wärme langsam im ganzen Körper ausbreitet. Niemals habe ich bessere Nudeln gegessen, noch wird das je geschehen, denn diese Rōhatsu-Nudeln sind einfach unbeschreiblich. Und immer, wenn im Laufe des Jahres ein Wort darüber fällt, kommt in die Augen der Mönche ein warmes Leuchten.

Das Rōhatsu-Sesshin ist ein hartes, unerbittliches

Sesshin. Und sollte man je vergessen, daß die Große Sache wahrhaft eine Sache von Leben und Tod ist, erinnert es einen daran. Ein kleines Stückchen Ich stirbt bei jedem Rōhatsu-Sesshin. Die Räume sind nicht geheizt, die Mönche können nicht baden und sich nicht rasieren, und am letzten Tag schauen sie wild und hager, aber entschlossen aus.

Am letzten Tag ändert sich auch der Stundenplan. Teishō findet am Nachmittag statt, und danach gehen alle hinaus, um Laub zusammenzuharken. Die Blätter sind während der letzten Woche ständig gefallen, so daß man knietief darin waten kann. Sie werden nun zu hohen Haufen zusammengekehrt und verbrannt. Das ist schwere Arbeit, die schnell getan werden muß, aber eine willkommene Lockerung für die von Kälte und langem Sitzen erstarrten Muskeln. Dann geht es zurück in die Meditationshalle.

Die letzte Nacht wird durchgesessen. Um Mitternacht gibt es in aller Form noch ein letztes Sanzen. Danach wird ein Schälchen Reis serviert im Gedenken an Buddha, der eine Schale mit Milchgrütze angenommen hatte, bevor er sich unter dem Bodhi-Baum niederließ – ein Zeichen dafür, daß seine Entschlossenheit Eifer und Hingabe der Mönche stärken möge.

Gegen drei Uhr nachts endet offiziell das Sesshin. Der Zendō-Hauptmönch spricht zur Gemeinschaft. Das Bad wird geheizt. Hauptmönch, Zendō-Mönch und Laien bekommen einen kleinen warmen Imbiß im Raum des Hauptmönchs, im allgemeinen süße Bohnensoße mit Reisklößen, danach den starken traditionellen Tee. Aber bald schon wird der Zendō-Hauptmönch herausgerufen. Das Bad ist fertig, und er persönlich schrubbt liebevoll die Rücken seiner Mönche und lockert ihre Muskeln. Manch ein junger Mönch bricht dabei tiefbewegt in Tränen aus.

Der 8. Dezember ist der Tag, an dem Buddhas Erleuchtung gefeiert wird. Die Mönche haben kaum Gelegenheit zu schlafen, denn schon um sechs Uhr findet die Sūtra-Rezitation statt. Aber für den Rest des Tages ist die Disziplin gelockert.

Nach dem Rōhatsu-Sesshin werden die Mönche mit weniger Strenge behandelt. Sie sind durch die härteste Zeit des monastischen Jahres gegangen, und man betrachtet sie nun als Mönche, die wirklich Fuß gefaßt haben.

Am 22. Dezember, dem Abend nach der Wintersonnenwende, wird der Wechsel vom Dunkel zum Licht gefeiert. Er ist auch bekannt als der Tag, an dem der üble Geist von Unmut und Groll ausgetrieben wird. An diesem Abend findet im Kloster ein Fest statt, das die bestehende Klosterordnung umkehrt. Die neuen Mönche sind die Gäste. Stolz nehmen sie die Ehrensitze ein, und die alten Mönche bedienen sie. Es ist ein fröhliches Fest. Gegen sechzehn Uhr wird im Garten ein Feuer angezündet, an dem die Mönche sich wärmen. Man röstet Süßkartoffeln, die gleich gegessen werden. Der Meister verläßt für diese Nacht gewöhnlich das Kloster. In der Küche geht es hoch her, da gute Dinge verschiedenster Art vorbereitet werden. Einige Laien, die schon öfters zu längeren Schulungszeiten im Kloster waren, sind auch eingeladen. Alle bringen Sake mit, den japanischen Reiswein, den man heiß trinkt und dem an diesem Abend reichlich zugesprochen wird. Die Party steigt in der Wohnung des Hauptmönchs. Die neuen Mönche werden zuerst bedient, und alle werden fürstlich bewirtet. Man erwartet, daß jeder etwas zum Fest beiträgt. Die neuen Mönche geben gewöhnlich einen Sketch aus dem Klosterdasein zum besten, die Älteren schildern meist die schwierigen Stadien im Leben der neuen Mönche oder zeigen sonst eine Geschicklichkeit. Die Laien machen auch mit, oft singen oder tanzen sie Szenen aus Nō-Spielen. Klassische Szenen und schwankhafte Parodien wechseln einander ab.

Ich erinnere mich lebhaft an einen rundlichen neuen Mönch, der die liebenswürdige «Begabung» hatte, ständig in irgendwelche vertrackte Situationen zu geraten, und es schaffte, den Tadel dafür leichten Herzens zu ertragen. Er nun wurde bestimmt, den Part des Meisters in einer Sanzen-Parodie zu spielen. Auf seinem Kissen sitzend, plusterte er sich zu voller Größe auf, den Keisaku vor sich, und geriet keineswegs aus der Fassung, als der gefürchtete alte Hauptmönch zu ihm herangekrochen kam, Angst und Unsicherheit eines neuen Mönchs in jeder Bewegung perfekt zum Ausdruck bringend. Der «Meister» gab ihm im besten Sanzen-Stil einen volltönenden Schlag mit dem Keisaku und läutete beherzt die Handglocke zum Zeichen, daß das Sanzen zu Ende sei. So nimmt das Fest seinen Lauf. Ob nun jemand Alkohol liebt oder nicht – an diesem Abend muß jeder kräftig bechern. Gegen halb elf endet schließlich das Fest. Die jungen Mönche ziehen sich zurück, so sie dazu noch in der Lage sind, sonst wird ihnen geholfen. Die Hauptmönche räumen auf, machen sauber, kehren und spülen, so daß am nächsten Morgen alles wie gewöhnlich blitzsauber ist. Und die jungen Mönche dürfen etwas länger schlafen als üblich. Nach einer solchen ausgelassen-fröhlichen

Umkehrung des «Normalzustands» geht ihnen gewöhnlich auf, daß die gefürchteten alten Hauptmönche, die ihnen so streng und grimmig begegnen, trotz allem menschliche Wesen und wirklich recht nett sind.

Unterdessen hat sich auch bei ihnen genug getan, um eine Ahnung davon zu bekommen, wie wichtig für Schulung und Entwicklung eine Zeit wie diese ist, einschließlich der dazugehörenden Behandlung. So werden die bösen Geister des Grolls und Gekränktseins ausgetrieben. Der Zeitpunkt dafür ist von symbolischer Bedeutung: gerade nach der dunkelsten Zeit des Jahres, der Wintersonnenwende, wenn die Dunkelheit sich wieder dem Licht zukehrt.

Irgendwie ist das auch eine Art Maturafeier für die neuen Mönche, denn von jetzt an, in ihrem zweiten Jahr, werden sie als vollwertige Mönche behandelt.

Wenn das Jahr sich seinem Ende zuneigt, wird nicht nur das Kloster, sondern ganz Japan geschäftig. Vom 27. Dezember an werden jeden Abend Fähnchen, Geschenke und Dekorationen für Neujahr aus Faltpapier gebastelt sowie alle möglichen Festvorbereitungen getroffen.

Am 29. Dezember findet die traditionelle Herstellung der Reisklöße statt, eine recht schwere, aber fröhliche Arbeit. Der große taillenhohe Granitmörser wird in den unteren Teil der Küche gebracht. Man dämpft den Reis in Sieben über einem Kessel, wobei jedes Sieb die Portion für einen Stampfvorgang enthält. Ist der Reis gekocht, kommt er in den Mörser, und zwei Mönche zerstampfen ihn mit gewaltigen Holzstößeln zu Brei. Dann macht ein Mönch mit dieser Arbeit weiter, bis die Masse eine sehr feine Konsistenz erreicht hat. Dieses Stampfen mit den schweren Stößeln in einem gleichmäßigen, aber schnellen Rhythmus ist eine Arbeit, die ins Kreuz geht. Die Mönche wechseln sich darin ab, und ein Mönch, der gerade verschnauft, steht daneben und zählt, um das Tempo vorzugeben. Wer die höchste Anzahl an Schlägen ausführen kann, wird sehr bewundert. Aber auch hier geht es darum, sich mit ganzem Einsatz einer Sache zu widmen und nichts zurückzuhalten – das ist wichtiger als das Ergebnis. Um eine gleichmäßige Konsistenz zu erreichen, muß der Teig oft gewendet werden. Das ist die Arbeit eines weiteren Mönchs, der den heißen Teig zwischen den einzelnen Schlägen schnell umwendet. Ein Eimer mit kaltem Wasser, in dem er sich die fast verbrühten Hände kühlen kann, steht bereit. Auch das Teigwenden geschieht reihum und verlangt große Geschicklichkeit, um ernsthafte Verletzungen zu vermeiden.

Auch Laien kommen, um zu helfen, junge kräftige Männer für das Stampfen, andere, um schließlich den Teig zu formen. Eine heitere, eifrige Stimmung erfüllt den Raum. Jeder geht voll aus sich heraus und ist mit aller Kraft dabei. Man kann das nicht genug betonen. Denn das ist für die alltäglichen Aufgaben genauso unerläßlich wie für das Sitzen. Aber alles geschieht in freundlicher, geselliger Atmosphäre, und die Disziplin wird lockerer gehandhabt.

Auf dem Küchenboden ist säuberlich ein großes Brett, ähnlich einem riesigen Kuchenbrett, ausgelegt. Darauf werden die verschieden großen Klöße geformt, mit Reismehl bestäubt und zum Auskühlen auf die Seite gestellt. Diese Arbeit erfordert Geschicklichkeit, besonders bei den größeren Klößen, denn die sollen hinterher getrocknet und aufbewahrt werden, um in den nächsten Monaten als Nahrung zu dienen. Bleibt innen nur ein bißchen Luft, werden sie schimmlig.

Gewöhnlich wird für diesen Tag von einem Gönner eine Kiste mit Mandarinen geliefert, so daß jeder, wann immer er Lust hat, zwischendurch eine Frucht essen kann. Wenn der Vormittag halb vorbei ist, werden die ersten noch feuchten und heißen Klöße in einer Mischung aus geriebenem Rettich und Sojasoße serviert oder auch als Süßspeise. Am Nachmittag ist dann alles zu Ende und wieder aufgeräumt. Die Mönche bekommen ihr höchst notwendiges Bad und Ruhe für den Rest des Tages.

Am 30. und 31. Dezember wird im Kloster das Unterste zuoberst gekehrt, es wird ausgiebig und gründlich geputzt und gewaschen. Am späten Abend des letzten Tages muß alles fertig sein.

Wenn dann Mitternacht naht, nimmt der Mönch, dem das Läuten der Glocke obliegt, seinen Platz bei der großen Glocke über dem Tor ein, und um Mitternacht ertönt ein erster Glockenschlag. Glocken werden von außen mit Hilfe eines waagrechten Balkens angeschlagen, der an Seilen hängt und mit einem weiteren Seil zum Ziehen versehen ist. Die Intervalle zwischen den einzelnen Glockenschlägen entsprechen der Länge eines sehr schnell rezitierten *Herz-Sūtras*, also etwa zwei Minuten. Es erklingen 108 Glockenschläge. Man sagt, es gäbe 108 Leidenschaften, und bei jedem Glokkenschlag wird eine davon ausgetrieben, so daß mit dem neuen Jahr jedem Menschen ein neuer Anfang offensteht.

Auch Laien kommen herbei. Alles ist sehr still. Der Glockenturm ist nur schwach beleuchtet. Der Hauptmönch hält sich gewöhnlich draußen auf. Die Leute treten durchs Tor, verneigen sich vor dem Mönch und tauschen den traditionellen Neujahrsgruß mit ihm: «Es hat begonnen, herzlichen Glückwunsch!» Dann ziehen sie ihre Schuhe aus und steigen einer nach dem anderen die Leiter zum Glockenturm hinauf, setzen sich nieder und rücken langsam auf, bis sie an der Reihe sind, die Glocke anzuschlagen. Danach klettern sie wieder hinunter und gehen nach Hause.

Der Übergang ins neue Jahr ist eine stille Zeit. Es gibt keine lärmenden Festlichkeiten, es fallen keine lauten Worte. In dieser Stille hört man die Tempelglocken von nah und fern, die das neue Jahr einläuten.

Der Neujahrstag der Mönche beginnt früh mit dem *Großen Prajñāpāramitā-Sūtra.* Dieses Sūtra kann man nicht auf einmal lesen, weil es zu lang ist. Da aber Sūtra-Bücher traditionell gefaltet sind, besteht die Rezitation in der Hauptsache darin, das Buch wie eine Ziehharmonika zu öffnen und in eine Art Rad zu ziehen, wobei Seite für Seite «umgeblättert» und auf die vorherige Seite gelegt wird, während der volltönende Sprechgesang unablässig wiederholt: «Die Große Weisheit, die alle Begriffe übersteigt.»

In den folgenden drei Tagen geht es weniger streng zu im Kloster. Es gibt kaum Küchenarbeit, weil das traditionelle Neujahrsessen schon im voraus zubereitet wurde. Die Mönche kümmern sich jetzt vor allem um die Besucher, die zum traditionellen Neujahrsbesuch erscheinen. Diese erhalten Tee und auch ein kleines «Weihnachtsgeschenk». Morgens steht man allerdings sehr zeitig auf, denn das *Große Prajñāpāramitā-Sūtra* wird an drei aufeinanderfolgenden Tagen einmal ganz rezitiert.

Der 10. Januar ist Meister Rinzais Todestag, ein weiterer Feiertag im Kloster. (Meister Rinzai ist der «Vater» der Rinzai-Schule.) Danach beginnt die zweite Hälfte der Winterschulung. Das Große Sesshin Mitte Januar fällt in die Zeit der «Großen Kälte» und ist deshalb sehr hart. Zum Ende der Winterschulung findet dann in der zweiten Februarwoche das Große Schluß-Sesshin mit seinen besonderen Zeremonien statt.

Darauf folgt eine ruhigere Woche mit dem üblichen Ämterwechsel zwischen den altgedienten Mönchen. Der Gedenktag von Buddhas Mahānirvāna (Todestag) am 15. Februar fällt in diese Woche. Am Vorabend wird die große Nirvāna-Schriftrolle vor dem Hauptbuddhabild im Schreinraum aufgehängt, und am nächsten Morgen findet ein besonderes Sūtra-Singen statt. Danach können Mönche, deren Abreise fällig ist, das Kloster verlassen, aber bis Ende Februar sind sie gewöhnlich wieder zurück.

Die dritte Märzwoche ist sehr arbeitsreich aufgrund der Vorbereitungen für die Frühlings-Tagundnachtgleiche, die genauso gefeiert wird wie ihr herbstliches Pendant. Von da an tritt der Sommerstundenplan in Kraft. Nach und nach kommen auch die neuen Mönchsanwärter zum Kloster und bitten um Einlaß.

Der 8. April ist Buddhas Geburtstag. Ein Bild des Buddha-Kindes wird in süßem Tee gebadet, Blumen schmücken Tempel und Kunstwerke, und Sūtras werden rezitiert. Es ist ein Fest der Freude und Dankbarkeit.

Damit schließt sich der monastische Jahreskreis. Es ist eigentlich immer irgendein Anfang oder Aufbruch, etwas, worauf man sich freuen kann, worauf man gespannt ist. Und obwohl es durchaus Zeiten gibt, da sich alles endlos hinzuziehen scheint, vergeht das monastische Jahr doch recht schnell. Ich erinnere mich, wie ich einmal scherzhaft zum Hauptmönch sagte: «Ich hab den Eindruck, daß in Japan die Uhren schneller gehen.» Darauf bemerkte er lachend: «Meinen Sie wirklich? Vielleicht sind es die Klosteruhren.»

Wie hat sich nun dieses Anfangsjahr auf den neuen Mönch ausgewirkt? Nach dem ersten Eingewöhnen während der Sommerschulung und dem kurzen Verschnaufen während der Zwischenperiode war dann während der harten Winterschulung eine deutliche Veränderung festzustellen, vor allem nach der Rōhatsu-Woche. Diese Veränderung hat weniger mit einem oberflächlichen Zurechtbiegen zu tun als vielmehr mit einem Wandel in der Tiefe, einer echten und unverkennbaren Konsolidierung der Persönlichkeit. Das erste Jahr ist deshalb entscheidend, und die rauhe und schroffe Behandlung, die die jungen Mönche erfahren, gehört zu den formbildenden Kräften.

Im zweiten Jahr läßt man größere Milde walten. Es können individuelle Züge hervortreten und sich entwickeln. Das dritte Jahr ist wieder hart, und bringt die Entscheidung mit sich. In diesem Jahr findet der Mönch zu seiner wirklichen Berufung. Entweder er bleibt für eine lange Zeit der Schulung, oder aber er verläßt das Kloster, um einen Tempel zu übernehmen. Bis jetzt hat er die meisten Aufgaben, mit denen die jungen Mönche betraut werden, durch eigene Erfahrung kennengelernt. Während des zweiten oder dritten Jahres wird er auch für eine Weile Aufwärter des Meisters. Die Veränderung, die diese Periode in einem

Mönch bewirkt, muß man mit eigenen Augen gesehen haben, um sie glauben zu können. Sie ist eine der wirklichen Entwicklungshilfen. Die Stabilität, die während des ersten Jahres erworben wurde, wird weiter gefestigt, aber zugleich geschmeidiger durch Anpassungsfähigkeit und Flexibilität – ein erster Schritt hin zu dem Stadium, da man «in Heiterkeit» sitzt und «die Umstände reitet, anstatt von ihnen getrieben zu werden». In der Rinzai-Schule ist das ein wesentlicher Punkt.

Das vierte und fünfte Jahr ist im allgemeinen eine schwierige Zeit. Wer die innere Unruhe dieser Spanne überwindet und für eine lange Schulungsperiode bleibt, wird einer der älteren Mönche, die für Ordnung und Führung im Kloster sorgen. Nur sehr wenige bringen ihre persönliche Schulung zum Abschluß und können nach einer Zeit der Zurückgezogenheit als Meister an ein Kloster berufen werden.

Das Symbol für die Ganzheit des WEGES (Tao) zeigt das Urpaar der Gegensätze, aufgerollt zu einem Kreis, wobei in jedem Bereich das Samenkorn oder Auge des anderen enthalten ist. Ein traditionelles Kloster zeigt ebenfalls zwei Gesichter. Auf jemanden, der diese Dinge nicht kennt, mag es erschreckend wirken, die Mönche in der Meditationshalle sitzen zu sehen, wie sie sich, straff diszipliniert, voll und ganz einbringen. Hier zeigt sich große Kraft, die aber auch Angst machen kann. Bei uns ist es im allgemeinen so, daß die Emotionen entweder überschwappen oder so unterdrückt werden, daß wir tatsächlich nur halb lebendig sind. Die Kraft, die von der Verwandlung der Energie herrührt, beeindruckt durch ihre bloße Präsenz. Aber das allein würde bald zu starrer Härte führen. Deshalb wird durch den heiteren und spielerischen Aspekt während der Zeiten gelockerter Disziplin für Ausgleich gesorgt. Und dann sind da nicht zuletzt die Arbeitsstunden, die dem Mönch die Möglichkeit geben, über seinen Problemen nachzusinnen und sie zu verarbeiten.

Was wirklich geschieht, hängt vom Mönch selbst ab. Keine Schulungsmethode ist eine Wurstmaschine, wo das fertige Produkt sauber abgepackt herauskommt. Es wird heute viel über die Notwendigkeit gesprochen, die Schulung dem modernen bzw. westlichen Geist anzupassen. Aber das geht am Kern der Sache vorbei, denn die Emotionen, die sich von der ursprünglichen Triebenergie herleiten, sind so alt wie das Leben selbst. Die Art und Weise, wie sie transformiert werden können, ist die gleiche wie seit jeher, die gleiche im Osten und Westen, im Norden und Süden. Die traditionellen Schulungswege, von denen Zen einer ist, haben sich jahrhundertelang mit der menschlichen Natur befaßt, und diese Erfahrungen geben sicheres Geleit auf dem Weg zum HERZEN. Dieser WEG ist nicht leicht. Und es heißt, wer ihn geht, möge sich um gute Freunde bemühen, um kundige Führer, die helfen, wenn bedrohliche Hindernisse auftauchen, und Mittel und Wege zu ihrer Überwindung aufzeigen können.

Obwohl man bestimmte Tätigkeiten und Verhaltensweisen auf dem Zen-Weg beschreiben kann, sind das doch lediglich Bilder. Wie anschaulich ein solches Bild das Leben in einem Zen-Kloster auch darstellen mag, es kann über das wirklich Wesentliche nichts aussagen, über das, was ganz konkret im Herzen des Schülers geschieht. Man kann den Rahmen beschreiben, aber wir werden im Zen immer wieder gewarnt, den Finger, der auf den Mond weist, irrtümlich für den Mond selbst zu halten.

Das gilt auch für das Lesen von Zen-Texten. Nur sehr wenige sind übersetzt. Wenn wir sie oberflächlich lesen, gewinnen wir nichts bzw. mißverstehen sie gründlich. Wenn Rinzai seine Mönche auffordert, «den Buddha zu töten, wenn sie ihn treffen», dann sind wir, denen Buddha nicht allzuviel bedeutet, von solchen bilderstürmenden Statements recht angetan. Wir halten kaum inne, um zu bedenken, was eine solche Aussage für einen Mönch bedeutet, der sein ganzes Leben dem Buddha geweiht hat. Vielleicht sollte dieser Satz für uns sinngemäß übersetzt so heißen: «Wenn du deinem teuersten Ideal, deinen tiefsten Überzeugungen begegnest, ohne die dir dein Leben sinnlos erscheint – töte sie.» Ja, das ist die schmerzliche Aufgabe, in der die harte Ich-Verkrustung, der Kerker des warmen menschlichen Herzens, schließlich aufgebrochen wird. Dann verströmt sich die innewohnende Wärme ganz von selbst, ringsum Licht verbreitend. Und auch tiefe Dankbarkeit stellt sich ein.

Hier im Westen werden Buddhismus und Zen oft für kalt gehalten und das nicht nur, weil man «Herz» mit «Geist» verwechselt, sondern weil wir auf Objekte hin orientiert sind. Einfach nur Dankbarkeit empfinden ist unserem strammen und eigenwilligen westlichen Ich nicht genug. Dieses Ich fühlt Dankbarkeit nur im Hinblick auf eine Sache, die es bekommt. Und diese Dankbarkeit ist bestenfalls kurzlebig. Nur allzuleicht verkehrt sie sich in Forderung oder Ressentiment. Oder aber man empfindet Dankbarkeit jemandem gegenüber, dessen besonderes Wohlwollen gerade *mir* gilt. Aber auch da ist sie wechselhaft und schnell erschöpft.

Wahre Dankbarkeit ist – wie wahre Liebe – eine Qualität des Herzens. Sie braucht kein Objekt, weil auch das Subjekt, das Ich, verschwunden ist. Es wundert nicht, daß im Westen die Definition christlicher Mystiker dem vielleicht am nächsten kommt: «Das Gefühl, unter einer Wolke der Gnade zu wandern.»

Keine Religion oder religiöse Schulung kann es sich leisten, das Herz zu übergehen. Wenn doch, hört sie auf, Religion zu sein, und ist nicht mehr imstande, zu wärmen und zu nähren. Wenn der Zen-Weg, der ein buddhistischer Weg ist, in uns Wurzeln schlagen und tief in unsere Seele hineinwachsen soll, braucht er die Nahrung, von der in einer seiner Grundaussagen gesprochen wird: «Eine direkte Übermittlung von Herz-Geist zu Herz-Geist.» Wachstum braucht Wärme. Und nur Bewußtsein kann wiederum Bewußtsein anrühren und zur Entfaltung bringen.

Es wurde bisher wenig über die Rolle des Meisters gesagt. Er ist das Herz des Klosters. Er ist immer da. Seine Bedeutung für die Schulung habe ich in einem früheren Buch beschrieben *(The Wisdom of the Zen Masters)*.

Obwohl die Beziehung zwischen ihm und seinen Mönchen – und natürlich jede Schulung unter ihm – eine tiefe Verbundenheit entstehen läßt, ist er doch kein Guru im indischen Sinn. Sein vielleicht hervorstechendster Charakterzug ist reine Festigkeit. Er mag jemandem, der ihn gern als Projektionsobjekt benützen würde, als distanziert erscheinen – denn da sind keine Haken, an denen sich etwas verfangen könnte. Aber genau das ist es, was ihn zum Meister macht.

Die geistigen Grundlagen

Der Überlieferung nach wurde Zen durch den indischen Mönch Bodhidharma nach China gebracht. Ob das nun historisch haltbar ist oder nicht – der Vierzeiler, der ihm traditionellerweise zugeschrieben wird, faßt das Wesen des Zen jedenfalls auf prägnante Weise zusammen:

> Eine besondere Übermittlung außerhalb der Schriften;
> nicht an Worten oder Buchstaben haftend:
> direkt auf das Herz des Menschen weisend –
> sein Wahres Wesen erschauen und Buddha werden.

Blumen blühen und welken. Es ist eine der Grundaussagen des Buddhismus, daß alles dem Wandel unterworfen ist. Aber unser verblendetes Ich klammert sich an die Vorstellung von etwas Festem, Unveränderlichem wie an einen Rettungsanker. Da es selbst *nichts* ist, muß es *etwas* haben. Es meint, durch materielle und geistige Besitztümer könnte es sich seiner Existenz vergewissern. Indem es immer unersättlicher Dinge anhäuft oder in sich hineinschlingt, hofft es auf Schutz und Sicherheit. Dieser Prozeß ist aber begrenzt, denn kein Ich kann sich die Welt einverleiben oder sie besitzen. So ist das Ganze eine ergiebige Quelle von Schmerz und Frustration – diese leidvolle Unruhe, die der Buddha als den Boden der Urverblendung erkannte.

Wenn der lebendige Geist aus dem Wort entweicht, wird es starr und zu einer leeren Hülse. Wenn der lebendige Geist in den Aussagen, die er selbst geschaffen hat, vergessen ist, werden die Aussagen zu toter Sprache, an die sich nun die Verstandeskräfte heften, um sie zu interpretieren. So kommt es, daß uns die Zen-Meister all die Jahrhunderte hindurch voller Ironie fragen: «Welchen Saft meinst du aus dürren Knochen saugen zu können?»

Die Zen-Schule mißachtet die Schriften nicht und ihre Meister sind darin bewandert, aber sie halten nichts vom Sichklammern an leere Worte und kurzsichtige, zeitbedingte Auslegungen. Sie weisen vielmehr beharrlich darauf hin, daß es in erster Linie auf die Entfaltung des lebendigen Geistes ankommt. Soviel zu den beiden ersten Verszeilen.

Die Zen-Schule bezeichnet sich selbst als Buddha-Herz-Schule. Ihrem Selbstverständnis nach geht es um Übermittlung von Herz-Geist zu Herz-Geist. Sie befaßt sich mit dem menschlichen Herzen, und die beiden letzten Verszeilen zeigen auf, was damit gemeint ist: Der Zen-Weg besteht darin, die Wahre Natur des menschlichen Herzens, das das eigene Herz ist, zu schauen, und so ein Buddha, ein Erwachter, zu werden.

Hui-neng, der sechste Patriarch, dessen Wirken das Zen seine typisch chinesischen Züge verdankt, sagt, daß die Wahre Natur des Herzens an sich wesenhaft rein ist. Zwei häufig gebrauchte Analogien dafür sind der strahlendhelle Spiegel und der glitzernd-klare kalte Wintermond. Wenn wir diese Bilder tief in uns einlassen, kann unser Blick dem weisenden Finger vielleicht so weit folgen, daß wir sehen, worauf er tatsächlich hindeutet.

Der glitzernd-kalte Wintermond. Was an sich rein ist, strahlt aus seinem eigenen Wesen heraus. Das können wir sehen. Aber warum kalt? Wenn Liebe/Barmherzigkeit die innere Natur des Herzens ist und Weisheit seine Wirkungsweise? Und Buddha der Allbarmherzige genannt wird? Wie kann das sein? Das wesenhaft reine Herz leuchtet aus seiner inneren Natur heraus. Diese strahlende Reinheit ist jedoch verdunkelt von der Wolke der Grundverblendung, unter der jedes Ich leidet. So kann ich dieses Licht nicht sehen – was in sich schlüssig ist –, denn jedes Ich stellt nur eine Anhäufung verblendeter Vorstellungen und gieriger Wünsche dar und ist als solches selbst nicht existent. Wir alle wissen aus eigener Erfahrung, welches Chaos, Elend und Leid diese Verblendungen und Wünsche hervorzubringen imstande sind. Solange die Vorstellung von einem eigenständigen Ich andauert, kann man sagen, daß dem Herzen eine primitive Wildheit anhaftet, die sanft und geduldig gezähmt und umgewandelt werden muß zu dem, was sie ihrem Wesen nach ursprünglich ist. Ich erfahre dieses Wünschen und Verlangen – ganz gleich, ob es sich dabei um materielle oder geistige Dinge handelt – als zwingend, als heiße Flamme. Den Leidenschaften wird die Farbe rot zugeordnet. Es liegt also nahe, die Befreiung von den Leidenschaften – und damit auch die Befreiung vom Ich – durch das Gegenteil darzustellen. Deshalb wird der rauchigen Hitze blinder Leidenschaften der glitzernd-klare kalte Wintermond gegenübergestellt.

Der strahlendhelle Spiegel. Schon Hui-neng erwähnt die Weisheit des «Großen Runden Spiegels». Die makellose, strahlende Oberfläche dieses Herz-Spiegels gibt absolut wahrheitsgetreu wieder, was vor ihr erscheint – ohne Verzerrung oder Verfärbung. Er haftet auch nicht an dem Spiegelbild. Wenn der reflektierte Gegenstand sich entfernt oder der Spiegel sich abwendet, läßt er ihn los.

Der Spiegel hat in sich selbst keine Farbe, und so kann er alle Farben reflektieren. Und da er kein Ding enthält, ist seine Oberfläche glatt und strahlend. Daher kann er alles genau so wiedergeben, wie es ist. Dieser Spiegel befaßt sich nicht mit Formen. Er reflektiert lediglich, was vor ihm erscheint, wenn er nach außen, der Welt zugewandt ist.

Und wenn er sich nach innen wendet? Es kann mittlerweile kaum überraschen, daß dann nichts erscheint – denn er spiegelt nur wider, was ist, und da ist kein Ich. Das ist das wahre, leere Herz – *mushin.* Es ist die Quelle aller Energie, die sich nun ungehindert entsprechend den gegebenen Bedingungen entfaltet. Wenn es sich nach außen wendet und auf Phänomene trifft, spiegelt es sie wider. Wenn es sich nach innen wendet, ist es leer, in Ruhe.

Diese beiden Bilder tragen dazu bei, die Wahrheit zu verdeutlichen, daß «Herz» in buddhistischer Terminologie für eine Gesamtheit steht, die dem Ich für immer fremd bleiben muß. Und das hat auch sein Gutes, denn sowohl in seinem Wirken als auch in seiner Leere würde diese Ganzheit das Ich zu Tode erschrecken. Außerdem kann *ich* hier gar nichts erreichen oder verbessern, denn das Herz ist sowieso allem inhärent. *Ich* bin nur der Störfaktor, und was auch immer ich absichtlich versuche, bewirkt nur weitere Verzerrungen. Doch wenn ich nichts tue, bleibt die alte Verblendung bestehen.

Der Zen-Weg beginnt gewissermaßen bei diesem Dilemma. Wir haben mittlerweile zumindest eine Ahnung davon, wo er ansetzt und worauf es ihm ankommt (siehe S. 32: «Ich brauche etwas»). Die Frage ist, wie die notwendige Transformation zuwege gebracht werden kann.

Wir haben das Beispiel des Buddha. Mutig stellte er sich seinen Problemen und durchlitt sie. Er unternahm keine vergeblichen Versuche, seinen Schwierigkeiten auszuweichen. «Leiden lehre ich euch und den Weg aus dem Leiden heraus.» In diesem Prozeß erfährt auch der Urheber aller Probleme, das Ich mit seinen Verhaftungen und Abneigungen, eine Umwandlung. Für das Ich, das immer die Lust verspürt, etwas zu tun, einzugreifen und sich einzumischen, klingen solche Worte negativ und zu passiv. Daher sagte schon vor tausend Jahren Meister Rinzai, daß die Natur des gewöhnlichen Menschen dem lieber ausweicht. Und Meister Hakuin spricht die Warnung aus: Diesen Weg zu gehen heißt, darauf gefaßt zu sein, «weiße Perlen zu schwitzen, das Untragbare zu ertragen und zu erdulden, was nicht erduldet werden kann».

Man kann den Zen-Weg, soweit es seine Form betrifft, beschreiben. Aber man muß sich immer vor Augen halten, daß ein solches Unterfangen in die Irre führen kann. Die Beschreibung eines Vorgangs ist immer mechanisch, der lebendige Vorgang selbst ist aber durchaus kein mechanisches System. Es mag allerdings von außen betrachtet so aussehen, und die Gefahr dieses Mißverständnisses bestand schon immer. Einer der frühesten Zen-Texte, Hui-nengs Sūtra «Vom Hohen Sitz des Dharma-Schatzes», befaßt sich ausdrücklich mit diesem Punkt. Daran entzündete sich dann auch der Disput zwischen dieser Schule und der Nördlichen Linie, die mehr für das mechanische Spiegel-Polieren eintrat. Letztere erlosch binnen weniger Generationen. Wenn man sich der Sache mechanisch nähert, schleicht sich unweigerlich die Ich-Vorstellung ein: *Ich* vollbringe etwas, *ich* schreite von Stufe zu Stufe voran, *ich* erreiche das Ziel durch *meine* Willenskraft. Und gerade dieses Ich wird im Buddhismus verneint. Im Rahmen einer gründlichen praktischen Schulung wird es in einem schrittweisen Wachstumsprozeß abgebaut.

Des Herzens Erfüllung ist ein Herz, das leer ist, leer von Anhaftung und Abneigung, leer von den Emotionen, die der ich-gewirkte Schleier der Verblendung sind. Das ist grundlegend für die Zen-Übung: Das Herz ist leer, wenn nicht oder solange nicht die Stürme der Leidenschaft die Gefühlswellen aufpeitschen.

Daher ist ein wichtiger Bestandteil der Zen-Schulung die Übung im täglichen Leben, *shugyo*, ohne die Zazen fruchtlos bleibt. Eben diese Praxis im täglichen Leben, die ganz normalen Tätigkeiten, versetzen den Schüler in die Lage, sich ernsthaft mit seinen emotionalen Verhaltensweisen auseinanderzusetzen. Und noch einmal: Schon Hui-neng warnte vor bloßem Sitzen. Und eine Zen-Geschichte, die besagt, daß man einen Ziegelstein nicht in einen Spiegel verwandeln kann, auch wenn man ihn noch so hingebungsvoll poliert, veranschaulicht denselben Punkt. Wenn Zen überhaupt etwas lehrt, dann ist es die Fähigkeit, durch und durch lebendig zu sein. Ist das Herz leer und somit erfüllt, entspringt ihm eine freie, angemessene Antwort auf alle wechselnden Situationen.

Zuviel Methode läßt das Leben verarmen. Zuviel Analyse überfrachtet den Geist mit Einzelheiten. Zahllos sind die dogmatischen Formen der Religion, aber ihre Schulungsweisen haben viel gemeinsam, und die Mystiker aller Zeiten sprechen weithin die gleiche Sprache.

Wir verlieren uns leicht im Wirrwarr der Worte oder sehen, wie man so sagt, den Wald vor lauter Bäumen nicht. Es fällt uns schwer, beide Seiten einer Frage oder eines Arguments zugleich zu erfassen, denn wir sind von Natur aus einseitig und neigen mehr zu diesem als zu jenem. Um so schwieriger ist es, denselben Gegenstand zugleich als dieses *und* jenes zu sehen, als dasselbe und doch nicht dasselbe. Die Zen-Schulung befaßt sich in ihrer späteren Phase weitgehend mit dieser Tatsache. Aber auch am Anfang ist sie – allerdings unausgesprochen – von grundlegender Bedeutung, und in diesem Kapitel befassen wir uns mit den *Grundlagen.*

Keine zwei Blätter derselben Eiche sind vollkommen gleich. Keine zwei Eichen sind vollkommen gleich. Aber es sind zweifellos Eichen und Eichenblätter. Sie alle. Und aus einer Eichel wird wieder eine Eiche wachsen. Wir wissen das. Es ist eine Binsenweisheit.

Denkmodelle und Gattungsbegriffe sind Abstraktionen des Geistes, um uns das Verstehen zu erleichtern. Sie besitzen selbst keine Realität, sondern drükken das Wesen der Dinge aus. Wir können von einer Eiche sagen, daß ihre Blätter eine charakteristische

Form aufweisen etc. und daß aus ihren Samen wieder ähnliche Bäume hervorgehen werden. So sind sie einerseits gleich *und* individuell voneinander verschieden. Und andererseits nicht gleich *und* in ihrer Gesamtheit verschieden von allem, was nicht Eiche ist. Obwohl wir wissen, daß dies genauso für uns Menschen gilt, verlieren wir doch sehr schnell das Bewußtsein für unsere Gleichheit, wenn wir anderen begegnen, die sich als Individuen von uns oder mir unterscheiden.

Wir im Westen haben seit der Aufklärung unsere spirituellen Werte verloren und sind nun nicht mehr mit spiritueller Entwicklung vertraut. Was als erstes beachtet wird, ist das, was ins Auge fällt. Das muß aber nicht unbedingt das Wesentliche sein. Man spricht heute viel von «religiöser Erfahrung» – es gibt Beschreibungen darüber, ganze Systeme von Klassifizierungen. Und «Erleuchtung» ist schon fast so etwas wie ein Schlagwort geworden, in das jeder hinein projiziert, was ihm am meisten fehlt. Er sieht darin eine Art Verheißung, eine Zauberformel für Erfüllung. Solche Hoffnungen basieren auf der Verblendung, unter der wir alle – jedes Ich – leiden.

Die Botschaft des Buddha, die heute so aktuell ist wie eh und je, ist wohl hart und fordernd, aber durchaus praktisch umsetzbar. Sie verlangt mehr als die Erfahrung einer Ekstase, die als solche – wie langandauernd und häufig sie auch auftreten mag – eine wirkliche Veränderung des Herzens nicht zuwege bringen kann. Es geht um eine Transformation der Energie und somit eine Neuordnung des gesamten Menschen, und dies als das Ergebnis eines völlig neuen Sehens. Dieses «klare Sehen» ist eine Änderung der Einstellung und als solche der erste Schritt, mit dem die Schulung beginnt. Ist diese Klarheit voll entwikkelt, führt sie schließlich zu der authentischen Einsicht in das eigene Wahre Wesen, das Wahre Wesen aller Menschen.

Somit ergeben sich zwei Punkte:

1. Diese authentische Einsicht ist kein bloßes intellektuelles Verstehen, denn sie schließt die emotional bedingten Faktoren mit ein. Sie wird in der Lehre als «das eine Auge» bezeichnet.

2. Aus eben diesem Grund ist es einem Ich unmöglich, zu dieser Einsicht zu gelangen. Denn dieser Prozeß der Neuordnung ist nicht etwas, das *ich* bewerkstelligen kann. Er stellt sich von selbst ein – als eine Art regulierende Maßnahme der Natur, um habituelle Einseitigkeiten zu korrigieren und die Ganzwerdung des Menschen in die Wege zu leiten.

Die Schwierigkeit – vor allem für ein selbstbewußtes, anmaßendes und damit auch aggressiv-zerstörerisches westliches Ich – besteht darin, einen solchen Prozeß überhaupt in Gang zu setzen, ohne daß das Ich als planende und kontrollierende Oberinstanz auftritt.

Der erste Schritt auf diesem Weg ist Selbstdisziplin. Das Ich, das von Natur aus zur Einseitigkeit neigt, will entweder der Disziplin entgehen – nach dem Motto: Das paßt mir nicht –, oder es unterwirft sich einer willkürlichen Disziplin, die es auf Dauer doch nicht durchhalten kann – oder aber der Lebensfunke geht in Heuchelei unter, ein düsteres Schwelen unter der Asche.

Eine Disziplin, die vom Ich nicht kontrolliert wird, ist dem Ich unvorstellbar. Und doch gehen die meisten physiologischen Prozesse in meinem Körper ohne Ich-Kontrolle vonstatten. Haare und Nägel wachsen, das Herz schlägt, die Lungen atmen; all das funktioniert von selbst. Schlimmer noch: Stimmungen überkommen mich, Leidenschaften erwachen und können mich mit sich reißen, ob ich das weiß, ob ich es mag, ob ich mich dagegen wehre oder nicht. Wenn ich am Morgen mit schwerem Herzen aufwache, kann ich meine Leber oder das Wetter dafür verantwortlich machen; aber es muß überhaupt keine körperliche Ursache vorliegen. Mich hat nur eine schwermütige, trübe Stimmung ergriffen. Sie ist nicht «meine», ich kann sie nicht abschütteln. Sie wird mich früher oder später wieder verlassen, ganz von selbst. Im allgemeinen versuche ich, einen Sündenbock zu finden, um eine Ursache benennen zu können. Und wenn sich die Ursache nicht beseitigen läßt, kann ich wenigstens den Sündenbock beschimpfen und mich sicher fühlen in dem Bewußtsein, daß alles nichts mit mir zu tun hat. Oder ich versuche, mich irgendwie zu zerstreuen, um die Stimmung abzuschütteln. Das allerletzte, was ich gern täte, ist, die Sache so, wie sie ist, zu erdulden und anzunehmen als einen Teil von mir, der sich gerade in einem unruhigen, aufgewühlten Zustand befindet – warum, weiß ich nicht. Und wenn ich das nur willig ertrage, wird es mich früher oder später verlassen – warum, weiß ich nicht.

Ist man so mutig und ehrlich, von Zeit zu Zeit dergleichen bei sich zu entdecken, liegt der Schluß nahe, daß «das Haus», in dem ich lebe und als dessen Herr ich mich bisher fühlte, von jemand anderem zumindest mitbewohnt wird, einem Unbekannten, jemandem, der stärker ist als ich und der allem Anschein nach ohne Sinn und Verstand mit mir umspringt.

Solch einen Hausgenossen zu haben ist naturgemäß höchst beunruhigend. Deshalb möchte ich ihn lieber gar nicht erst sehen und setze alles daran, daß er mir nicht vor die Augen kommt. Wenn ich ihm aber den Rücken zukehre, aus Angst, ich könnte ihn sehen, räume ich ihm gerade dadurch besondere Macht über mich ein. Denn je heftiger ich mich gegen etwas wehre, desto mehr wird es mich in seinen Bann ziehen und mich in seine Gewalt bringen. Diese Abwehr hat dieselbe Kraft wie die Anziehung des «Ich brauche etwas» (S. 32) – sie ist nur ihr Gegenpol.

«Leiden lehre ich euch und den Weg aus dem Leiden heraus.» Warum wollen wir uns auf ein solches Unterfangen einlassen? Und was versprechen wir uns davon? Diese Fragen steigen unwillkürlich in uns auf.

Traditionellerweise spricht man von drei Phasen in der Zen-Schulung. Der erste Schritt ist das «Hören mit dem Ohr», was für uns Menschen des Westens sinngemäß als «Lesen mit dem Auge» wiedergegeben werden kann. Sind wir von dem Gehörten/Gelesenen hinreichend beeindruckt und gefesselt, beginnen wir, darüber nachzudenken, und versuchen, mehr herauszufinden. So kommen wir zum zweiten Schritt, dem «Nachsinnen im Herzen». Und darauf folgt dann der dritte, die «Übung mit dem Körper».

In diesem Zusammenhang ist eine Warnung unerläßlich: Sollte der dritte Schritt für nicht so wichtig gehalten oder hinausgezögert werden, verlagert sich das «Nachsinnen» vom Herzen ins Hirn und läßt dort allerlei großartige Spekulationen entstehen. Das sind die «Blumen im leeren Himmel», eitle Nichtigkeiten, die weder erfreuen noch beleben und als Krankheit betrachtet werden.

So sind gleich von Anfang an drei Dinge wichtig, um eine Schulung zu ermöglichen: ein starker Glaube/ tiefes Vertrauen (die «Große Wurzel des Glaubens»), ein starker Zweifel (die «Große Wurzel des Zweifels») und feste Entschlossenheit. Für uns im Westen, die wir in einem anderen kulturellen Umfeld aufgewachsen sind, kommen noch zwei weitere Punkte hinzu: große Geduld und absolute Aufrichtigkeit – beides auf uns selbst bezogen.

Wenn wir uns vergegenwärtigen, daß der Zen-Weg ein buddhistischer Weg ist, dürfen wir erwarten, daß er seine Anstrengungen auf das wichtigste Anliegen seiner Grundaussagen richtet: auf das Erwachen zur vollen Verwirklichung des Nicht-Ich durch eine tiefgreifende Umwandlung des emotionalen Haushalts. Denn das Ich und die Emotionen sind eng miteinander verknüpft, obwohl sie einander paradoxerweise auch ausschließen – Feinde, die nichtsdestoweniger Arm in Arm marschieren.

Ich bin ein vielschichtiges Gebilde aus Wünschen und Abneigungen, Hoffnungen und Ängsten. Ich erfahre mich selbst, indem ich als dieses Gebilde auf ein Objekt reagiere, das anders ist als ich. Alles Sehnen und Trachten, alle altruistischen Bestrebungen, verstohlenen Ausweichmanöver, liebgewordenen Überzeugungen und Ideale gehören zu diesem Bereich und werden von den Emotionen angeheizt und in Gang gehalten.

Obwohl das Leben eines Novizen in einem Tempel und späterhin das des Mönchs in einem Schulungskloster sehr viel härter ist als das unsere gemeinhin, gewöhnt er sich doch ein. Nachdem die anfängliche Fremdheit und das Gefühl des Neuen sich gelegt haben, wird sein Leben weithin zur Routine – wie unser Alltag auch. Aber der Mönch hat keine Wahl. Es ist sein eigener Wille, daß er hier ist, und er hat sich bereit erklärt, während seines Klosteraufenthalts die Disziplin, so wie sie ist, zu akzeptieren, das heißt: vollkommener Gehorsam, harte Arbeit, einfache Kost, kurzer Schlaf, wenig Ruhe. Und selbstverständlich hat er an den religiösen Zeremonien teilzunehmen und am Meditationssitzen. Für ihn gibt es kein Entrinnen. Sein Tag ist vom Aufwachen bis zum Schlafengehen durchgeplant.

Auch wir haben unseren gewohnten Tagesablauf, aber innerhalb dieser Grenzen sind wir doch relativ frei, die Dinge nach unserem Belieben zu variieren. Wird uns diese Freiheit beschnitten, reagieren wir recht heftig. Im allgemeinen neigen wir zu der Überzeugung, daß wir wenig Freiheit haben, denn wir müssen nun mal unseren Lebensunterhalt verdienen und würden meist viel lieber unseren Neigungen nachgehen.

Im Rahmen der strengen Beschränkungen seiner Umgebung lernt der Mönch, alles so zu nehmen, wie es kommt, und sich wechselnden Umständen flexibel anzupassen. Seine Novizenzeit hat ihn darin bereits geschult, und er hat bis zu einem gewissen Grad gelernt, seinen seelischen Reaktionen standzuhalten und sie zu erdulden. Natürlich wird er immer wieder Opfer seiner Gefühle, aber er kann keinen emotionalen Ausbruch inszenieren, noch sich in eine Ecke verkriechen, um sich innerlich auszutoben, sondern muß seine täglichen Aufgaben pünktlich und korrekt erfüllen. Er weiß, daß er aus freien Stücken und zu seiner eigenen Schulung hier ist, und dadurch wird etwas in ihm geformt und verwandelt. Ein Großteil seiner täglichen Arbeit ist Kehren, innerhalb und außerhalb des Hauses, und Unkrautjäten. Während der Arbeitsstunden wird Schweigen gewahrt, und auch sonst, abgesehen von seltenen Gelegenheiten, wird wenig geredet. Während sich der Mönch nun dem Unkraut zuwendet und ein Stenglein nach dem anderen aus dem Boden zupft, kocht er vielleicht innerlich, aber er erduldet den inneren Aufruhr wohl oder übel, fast wie ein Tor, und macht weiter mit seiner Arbeit. Er hört erst auf, wenn das Zeichen dafür ertönt, fängt mit der nächsten Arbeit an, wie und wann es verlangt wird, sagt «Ja» zu allem, was man ihm aufträgt, und führt es aus, so gut er kann. Man könnte glauben, daß eine derartige autoritäre Fremdbestimmung eher geeignet ist, einen Roboter oder einen eingefleischten Heuchler hervorzubringen. Aber dem ist nicht so. Den Ansturm der Emotionen erdulden und durcharbeiten, ihn «ausleiden», dient einem zweifachen Zweck. Wenn das in einer Übungshaltung geschieht, wenn ich willig und vorbehaltlos anerkenne, daß ich innerlich aufgewühlt bin, wird das Ich, das die Dinge so haben muß, wie es *ihm* paßt, weicher und geschmeidiger. Indem ich wieder und wieder lerne, mich zu fügen, und zwar aus keinem anderen Grund, als daß die Übung es erfordert, verliert die Energie ihre Wildheit und wird «mehr sie selbst», so wie sie eben ist, wenn das Ich sich nicht einmischt und sie nicht mißbraucht. Wenn man sich das Ich als einen Stachelball vorstellt, dann sind die Stacheln die ungestümen Speerspitzen des «Ich muß haben», «Ich möchte aber doch», «Ich halt es nicht aus», «Ich will das nicht», «Ich hab recht». Diese

Stacheln bohren sich wie Dornen in mein Fleisch und tun mir weh. Helfen könnte mir nur die Entfernung der Dornen. Unglücklicherweise lassen sie sich aber nicht herausziehen – sie können nur abgeschliffen werden. Diese Schleifarbeit vollbringt die emotionale Energie, wenn man ihr erlaubt, ungehindert aufzusteigen und nicht gleich wieder zu entfliehen. Nur dann kann sie förderlich und dienlich ihre Kraft einsetzen, wodurch sie ihrerseits umgewandelt wird.

Diese Analogie zeigt auch, warum weder die Unterdrückung noch das Freien-Lauf-Lassen von Emotionen zum Erfolg führen kann, wenn es darum geht, die Stacheln zu entfernen. Unterdrückung dämmt die Energie nur ein, bis schließlich die Toleranzgrenze überschritten wird und es zu einem unkontrollierten Ausbruch kommt. Und das Der-Emotion-freien-Lauf-Lassen reduziert zwar für den Augenblick die Spannung, kann aber nicht im Sinne der Umwandlung wirken. Vielmehr wird, wenn man sich solches Dampfablassen immer wieder gestattet, die Toleranzgrenze gesenkt und somit das Gegenteil erreicht. Was zunimmt, ist dann zum Beispiel nicht die Sanftmut, sondern die Reizbarkeit.

Ein weiterer Punkt sollte bei diesem Prozeß der Energieumwandlung nicht übersehen werden. Die Energie muß ein verhältnismäßig hohes Kraftpotential aufweisen, um die Stacheln abschleifen und sozusagen die Umschaltung bewirken zu können. Dieser Vorgang übt auf das «Gehäuse» – die Person, die sich der Schulung unterwirft – beträchtlichen Druck aus. Infolgedessen ist es sehr wichtig, daß das Gehäuse stabil ist, damit eine solche Umwandlung ohne Schaden vor sich gehen kann.

In jedem Sporttraining werden die Muskeln gestärkt und die Geschicklichkeit bei der Ausführung einer Übung gesteigert. Dasselbe gilt auch für die «innere Kraft». Die Zen-Schulung beginnt mit dem Menschen, so wie er ist. Schritt für Schritt wird dann die Übung anspruchsvoller.

Der Novize in einem Tempel lernt, unter widrigen Umständen das Gebotene zu tun. Umstände, die ihm von Haus aus unbekannt sind und die er noch nie zu ertragen hatte. Das «Bitten um Einlaß» in das Schulungskloster ist eine wirkliche Prüfung und hat zugleich prägende Kraft.

Ein Hauptaugenmerk liegt auf der Form, und korrekte Haltung ist nicht nur beim Zazen, sondern für das Verhalten im allgemeinen von großer Bedeutung. Es gibt im Kloster kaum Gelegenheit zu tun, «was mir paßt». Gehen, Sitzen und Stehen haben stets aufrecht und gerade zu sein. Eine nachlässige Haltung, ein sich Hinlümmeln ist weder körperlich noch geistig gestattet. Steifheit ist allerdings ebensowenig erwünscht – weder körperlich noch geistig. Die Form muß stark und fest sein, aber flexibel genug, vermehrtem Druck standzuhalten, die sich entwickelnde Veränderung zuzulassen und die neue Struktur zu integrieren.

Daraus ergibt sich unmittelbar die Frage: Um was für eine Veränderung handelt es sich hier? Aus der Arbeit mit dem Computer wissen wir, wie wichtig es ist, die «richtige Frage» zu stellen, um dem verfügbaren Informationspotential die richtige Antwort zu entlocken. Auch im Zen sagt man: Die Antwort liegt in der Frage. Wenn wir herausfinden können, was diese Veränderung ausmacht, dann wissen wir auch, warum und wie sie vor sich geht, und daß es sowohl eine falsche Veränderung oder Verzerrung geben kann als auch eine richtige Veränderung oder Einverleibung. Ein Beispiel mag das veranschaulichen.

Es sieht so aus, als würden Veränderungen immer plötzlich auftreten und irgend etwas scheint sie auszulösen – viele Zen-Geschichten kreisen um dieses Phänomen. Doch in Wirklichkeit ist es nicht so. Diese Zen-Geschichten beleuchten einen Höhepunkt und stellen für den Kenner eine Art Kurzfassung eines bekannten Vorgangs dar. Wir sind so fasziniert davon, weil uns dieser Vorgang nicht vertraut ist. Tatsächlich haben sogenannte «Erfahrungen» in den letzten Jahren viel Aufmerksamkeit erregt und man hat versucht, der Länge und Breite nach herauszufinden, was es damit auf sich hat. Und das nicht nur in religiöser Hinsicht, auch Psychologen und Verhaltensforscher bekundeten ihr Interesse an einzelnen Aspekten. Vorausgesetzt, wir klammern uns nicht zu sehr an den jeweiligen Aspekt, den wir gerade «entdeckt» haben, und lassen uns von der Begeisterung darüber nicht verführen, das Ganze aus den Augen zu verlieren – was sowohl dem Buddhismus als auch der Wissenschaft gut anstünde –, dann können wir sehr wohl darüber sprechen.

Eine plötzliche Veränderung hat Vorläufer, kleine Lockerungen, die den Weg bereiten, so daß sich die Veränderung ohne Bruch vollziehen kann. Das ist sehr wichtig. Auch ein Gärtner schafft günstige Bedingungen für das Gedeihen seiner Pflanzen. Sie wachsen zwar von selbst, aber wenn die äußeren Bedingungen schlecht sind, bleiben sie zurück und kümmern dahin. Und wenn man trotzdem ihr Wachstum erzwingen will, werden sie schwach und gehen beim ersten kalten Windstoß ein.

Der Gärtner ist ein Mensch. Er setzt seine Kenntnisse und Erfahrungen ein, die er über Pflanzen und ihre Wachstumsgewohnheiten sammeln konnte. Ist er zu ungeduldig oder zu sehr auf schnelle Ergebnisse und Gewinn erpicht, mischt er sich mehr störend als hilfreich in die natürlichen Prozesse ein. So haben wir Treibhausblumen, die nur einen Tag halten, Gemüse fast ohne Geschmack, ausgelaugtes Ackerland, Umweltprobleme und eine Öko-Bewegung, die kaum in der Lage sein dürfte, die Bedürfnisse unserer technologischen Massengesellschaft zufriedenzustellen. Kurz gesagt, der Mensch hat einiges über die Abläufe in der Natur gelernt und dieses Wissen unter völliger Mißachtung aller sonstigen Belange lediglich zur Befriedigung seiner Bedürfnisse, seines Wohlstands und seiner Gewinnsucht angewandt. Aber der Mensch hat sich auch als fähig erwiesen, ein guter Gärtner zu sein, und wie wir wissen: Er kann lernen. Ob er lernen will oder nicht, hängt von ihm selbst ab.

Ob nun unsere Kenntnis der natürlichen Prozesse letztlich unserem Wohl dient oder nicht, hängt gleichfalls von uns ab. Kernspaltung ist eine gewaltige Energiequelle. Ob wir sie nutzen, um Wärme, Licht und «Arbeitskraft» für uns zu gewinnen, oder sie mißbrauchen, um zerstörerische Atombomben zu bauen, hängt von uns ab, die wir diese Kraft einsetzen, und nicht von der Kernspaltung, die lediglich ist, was sie ist. Das vergessen wir nur allzuleicht. Bei all diesen Vorgängen haben wir vor allem den «objektiven» Aspekt im Auge und den «subjektiven», uns selbst, außer acht gelassen – und befinden uns nun in ähnlicher Lage wie der Zauberlehrling: Voller Angst und Argwohn starren wir auf das, was wir heraufbeschworen haben.

So hängt es auch von uns ab, ob wir aus dem, was wir wissen, die Konsequenzen ziehen und kluge Haushalter werden wollen, oder ob wir, von selbstsüchtiger Gier beherrscht, uns gestatten, unsere physischen und mentalen Begehrlichkeiten nicht in den Griff zu bekommen. Also liegt es auch in unserer Verantwortung, ob wir uns letztendlich zu einem wildwuchernden Sproß am Baum des Lebens entwickeln, weil wir all seine anderen Erscheinungsformen mißachtet haben – und ohne Zweifel zu gegebener Zeit zugrunde gehen werden –, oder ob wir lernen können, uns zu mäßigen und allem, was lebt, mit Achtung zu begegnen. Es ist unsere eigene Unersättlichkeit, die den Lebensraum Erde schon fast verwüstet hat, und unsere Unfähigkeit, das Leben – soweit es eine andere Erscheinungsform aufweist als «die meine» – wirklich wahrzunehmen.

Wir haben uns enormes Wissen über die Naturvorgänge angeeignet. Aber das darf uns nicht zu der Einbildung verleiten, wir würden jetzt die Natur «beherrschen» – wir machen uns nur ihre Gesetze zunutze. Sehr oft mißbrauchen wir sie, indem wir gierig kurzfristigem Profit nachjagen und meinen, uns dieses oder jenes leisten zu müssen, mit dem Ergebnis, daß das Herz unzufrieden bleibt. Dabei vergessen wir, daß wir selbst diesen Gesetzen unterworfen sind. Aber töricht, wie wir sind, empfinden wir uns als von ihnen getrennt und meinen, wir stünden «über» ihnen. Diese Blindheit muß zur Katastrophe führen, denn sie verleitet uns tatsächlich, «Sein wie Gott» spielen zu wollen.

Eine passende Umformulierung grundlegender

buddhistischer Prinzipien für die heutige Zeit könnte etwa so aussehen: Ich bin unentrinnbar den «Drei Feuern (Giften)» ausgeliefert, bin abhängig von gierigem Verlangen nach meinem Vorteil, von wildem Zorn, wenn meine Wünsche durchkreuzt werden, und bin Opfer der Grundverblendung, die mich glauben macht, ich sei anders und stünde erhaben über allem, was sonst noch existiert. Das ist die Ursache sowohl der persönlichen als auch der gerade heutzutage sehr realen Probleme in der Welt.

Die buddhistische Lehre vom Nicht-Ich sowie auch der Übungsweg des Zen könnten folglich wirksame Gegenmittel darstellen. Die «Drei Feuer» werden dabei durch Umwandlung ihrer Energie ausgelöscht. Das kleine selbstsüchtige Ich wird zu einem verantwortungsbewußten und umsichtigen menschlichen Wesen herangebildet. Es entwickelt sich vom Zerstörer und Ausbeuter zu einem guten Haushalter, vom Feind zu einem guten Freund. All diese Möglichkeiten liegen noch ganz im Bereich der Natur, aber sie können nicht ohne eigene Anstrengung verwirklicht werden. Wir möchten die Situation gern ändern und verbessern und kommen kaum auf den Gedanken, daß wir selbst sie geschaffen haben und weiter unseren Beitrag zu ihrer Konsolidierung leisten. Wollen wir die Situation verändern, müssen wir uns selbst ändern. «Wenn ein Karren im Schlamm steckt, schlägst du dann den Karren oder den Ochsen?» In den buddhistischen Grundaussagen spiegelt sich eine klare, unvoreingenommene Betrachtung der Naturgesetze. Der Zen-Weg entfernt die ich-gefärbten Brillengläser. Die Veränderungen, die auf diesem Weg geschehen und eine Umwandlung des gesamten Menschen mit sich bringen, fügen ihn wieder sinnvoll ein in die Welt, von der er ein Teil ist. Indem er das klar erkennt, wird er zu einem bewußten und verantwortungsbewußten Teilhaber und Haushalter. Sein verlorenes Erbteil erhält er zurück sowie auch den Sinn für die Würde und Größe all dessen, was ist und was er ist. Und das ist weit mehr, als er sich in seinen kühnsten Phantasien erträumen könnte. Nichts Statisches ist in dem LEBEN, das sich selbst lebt in all seinen Formen. Erleuchtung, Erwachen läßt den einzelnen seine Würde begreifen, die darin liegt, den Naturprozessen bewußt zu dienen und in ihnen zu wirken. In solch einem erleuchteten Menschen wird die Natur in Wahrheit sich ihrer selbst bewußt. Denn in allem, was lebt, ist ein Tasten und Streben eben danach, ein Suchen und Sehnen der Natur, das im Menschen Erfüllung finden kann.

Ist uns dies gegenwärtig, können wir uns noch einmal dem «Rad des Daseins» («Rad der Wandlung») zuwenden. Der Sinn dieses buddhistischen Begriffs erscheint nun durchaus lebensnah: Die Veränderung ist ein natürlicher Prozeß, ein natürlicher Wachstumsvorgang, der stattfindet, sobald bestimmte Bedingungen erfüllt sind. Sie ist nichts «Unbekanntes». Die Natur selbst ist darauf hin ausgerichtet, und der Mensch wird in seiner Gesamtheit davon erfaßt.

Was ist nur falsch gelaufen mit uns? Körperlich müssen wir wachsen. Auch geistig, unser Intellekt wird geschult. Daher die vielen verschiedenen Lehr- und Bildungssysteme. Und obwohl es einzelne Fälle von mangelndem physischem Wachstum gibt, stellen wir doch fest, daß es im allgemeinen weniger häufig auftritt als geistige Retardation. Oder um es anders auszudrücken: Es werden weniger Zwerge geboren als geistig behinderte Kinder. Emotional gesehen scheinen wir jedoch allesamt zurückgeblieben zu sein – unsere Entwicklung hat entschieden Schlagseite.

Hinsichtlich unserer körperlichen Erscheinung haben wir uns recht weit vom Steinzeitmenschen entfernt. In geistiger Hinsicht ist der Unterschied sogar noch größer (daher unser verhängnisvoller Einfluß auf Steinzeitgesellschaften). Was aber unsere Emotionen betrifft, sind wir kaum weniger zornig, gierig und angsterfüllt als unsere Altvorderen. Eine so einseitige Entwicklung setzt uns starker Spannung aus. Die einzelnen Komponenten entwickeln sich immer weiter auseinander, die Kluft wird immer größer, mit dem Ergebnis, daß die Natur krampfhafte Versuche unternimmt, diesen Zwiespalt zu überbrücken oder zu heilen. Dies wiederum verführt uns zu euphorischer Leichtgläubigkeit.

In einem gewöhnlichen Wachstumsprozeß sind Veränderungen normale Lebensäußerungen mit dem Ziel, sich neuen Umweltbedingungen anzupassen. Solche Veränderungen finden sogar in einigen Mineralien statt. Bei bestimmten Temperatur- und Druckverhältnissen wird ihre Gitterstruktur instabil und formiert sich neu, entsprechend den neuen Bedingungen. Ein Beispiel dafür ist Quarz. Im Reich des Organischen macht diese Fähigkeit Wachstum und Entwicklung möglich. So kann die Antwort auf eine Situation sowohl als Wachstums- wie auch als Entwicklungsfaktor gesehen werden. Die Sprache zeigt solche Beziehungen auf, die wir als Analogien aus der Pflanzen- und Tierwelt übernommen haben: Das «reife», entwickelte, erwachsene und damit ganze Individuum trägt in sich die Vergangenheit, ist Gegenwart und weist hin auf die Zukunft, die es tatsächlich formt und gestaltet, denn sie ist in ihm bereits angelegt. Die buddhistische Lehre vom Gesetz des Karma bringt diesen Sachverhalt gut zum Ausdruck, denn sie betrachtet die physische und psychische Komponente des Menschen als Einheit. Es scheint ein dem Individuum innewohnendes Streben hin zur Ganzheit zu geben, ohne das Entwicklung unmöglich ist oder nur einseitig und bruchstückhaft gelingt.

Wirkliche Ganzheit ist also nicht Starrheit, sondern geschmeidige Anpassungsfähigkeit. Zu frühe Veränderungen sind umkehrbar. Sie sind nicht ausgereift und führen zu Instabilität, die dem Gehäuse schwerwiegende Risse zufügt und es schließlich zerstört. Bei zu starkem Zwang zerbrechen Mensch und Tier – äußerlich und innerlich.

Emotionen sind Derivate der angeborenen Energie und als solche fähig, uns instinktsicher zu führen, wenn das Ich sich nicht einmischt. Im Mahāyāna-(Nördlichen) Buddhismus heißt es, daß die Leidenschaften das Buddha-Wesen sind und umgekehrt, denn in ihren Manifestationen sind sie zwar Gegenpole, aber es ist die gleiche Energie, die sie speist. Daher ist der Versuch, die Emotionen auszuschalten, so nutzlos. Sie sind manifest gewordene Lebenskraft. Wie könnten sie da ausgeschaltet werden? Und durch wen? Wer ist denn der, der gern ausschalten möchte, der wieder mal tun will, was ihm paßt? Es ist das Ich, das dem Angriff der Emotionen ausgesetzt ist, und das versucht, die Sache in den Griff zu bekommen.

Dafür gibt es Gründe. Nur allzuleicht verliere ich die Beherrschung und kann, durch emotionale Erregung hingerissen, in fatale Situationen geraten. Oder dieser innere Aufruhr der Gefühle ist so heftig, daß ich nicht mehr in der Lage bin, meine Aufgaben zu erfüllen oder einer Tätigkeit nachzugehen, die volle Aufmerksamkeit verlangt. Da aber heute wie früher größter Wert auf effektives Funktionieren gelegt wird, kann es leicht geschehen, daß in der Entwicklung eines Menschen die emotionale Integration vergessen oder vernachlässigt wird. Lieber schaut man nicht so genau hin, als sich der langwierigen und schwierigen Aufgabe der Umwandlung dieser Energie, ihrer «Erziehung» zu widmen. Das Ergebnis: Ich spüre, daß mir eine ganze Dimension fehlt, und fühle mich außerdem von der elementaren Manifestation dieser gewaltigen Kraft oftmals bedroht und überwältigt.

Der Zen-Weg versucht, die Balance wiederherzustellen, indem er eben diese Erziehung der emotionalen Seite übernimmt. Bevor wir uns aber der Frage zuwenden, wie das praktisch vor sich geht, müssen wir noch einen anderen Aspekt dieser Veränderung, sozusagen das andere Ende der emotionalen Skala, betrachten.

Noch einmal: Die Leidenschaften sind das Buddha-Wesen und umgekehrt. Im Grunde sind sie die Lebensenergie, und diese muß sich, wie alle Energie, zwischen zwei Polen, einem Gefälle folgend, bewegen, um zu funktionieren. Bis jetzt haben wir uns mit dem einen Pol, dem physiologischen Ende, der Wildheit, befaßt. Die Umwandlung dieser Kraft wird in der Zen-Schulung mit dem sanften Zähmen eines großartigen, ungeheuer starken, machtvollen, wilden, unbändigen Büffels verglichen, der für den zwanghaften, wilden und eigensinnigen Aspekt der emotionalen Energie steht, die in erster Linie mit dem «Herzen» zu tun hat – nicht mit dem «Geist», wie auch immer man ihn umschreiben mag. Das erinnert uns wieder daran, daß dieser sehr wichtige buddhistische Begriff für «Herz» in all seinen Bedeutungen steht.

Hier ist ein kurzer Exkurs angebracht. Die Büffel-Analogie gibt es in mehreren Versionen. Entweder wird vom sanften Zähmen des wilden Büffels gesprochen oder vom allmählichen, stufenweisen – acht oder zehn Stufen – Weißwerden eines zunächst schwarzen Büffels. Diese Darstellungen, denen Zeichnungen beigegeben sind, werden im allgemeinen «Ochsen-Bilder» oder auch «Kuh-Bilder» genannt.

Aber sowohl «Ochse» als auch «Kuh» sind unglückliche Bezeichnungen, da ihre mitschwingenden Konnotationen nicht die besondere Eigenart des Originalbegriffs zum Ausdruck bringen.

So ist der «Herz-Büffel» der wilde, ungezähmte Aspekt der emotionalen Kraft. Die schwierige Aufgabe für den Hirten, den Menschen, besteht darin, diesen wilden Büffel durch Übung zu zähmen, ihn zu «erziehen» und seine sich manifestierende Energie zu humanisieren.

Der Büffel, der «gesucht», «gefunden», «gezähmt wird», «trägt den Mann», «ist zu Hause», «verschwindet» – denn er und der Mensch sind eins geworden (Büffel-Bilder 1-7). «Befreiung vom Rad des Daseins ist nur auf der Stufe des Menschseins möglich.»

Es hat eine echte Transformation stattgefunden. Die zwanghafte Wildheit schwingt nicht mehr das Zepter, sie ist umgewandelt. Aber das ist noch nicht das Ende dieses Zen-Gleichnisses, und die dazugehörenden Bilder veranschaulichen deutlich sowohl den rechten Weg als auch, was an diesem Punkt schiefgehen kann. Denn auf dem nächsten Bild, nachdem der Büffel «erzogen» ist und die Stufe des Menschen erreicht hat – daher: «der Büffel verschwindet, der Mensch bleibt» – verschwindet auch der Mensch.

Hier kommt es nun zu einer Annäherung an das andere Ende der emotionalen Skala, das offensichtlich nur im Menschen wirksam ist. Allerdings ist jetzt besondere Sorgfalt geboten. Denn dieser Pol wird nur allzuleicht mit dem unteren verwechselt. Beim Säugetier gibt es den Unterschied zwischen den beiden Enden der Skala noch nicht. Man kann das Auftauchen der Differenzierung aus dem physiologischen Nährboden und ihre schrittweise Entwicklung in den Riten mancher Stammeskulturen erkennen sowie auch in der Bildersprache der Mythologie, wo physiologische Entsprechungen dazu dienen, auf den korrespondierenden «Endpunkt» der Skala hinzuweisen, für den die Ausdrucksmöglichkeiten fehlen. Frühe Ackerbaugesellschaften kannten den Brauch, auf den Feldern den Geschlechtsakt zu vollziehen, um diese fruchtbar zu machen. Und bei dem Versuch, ihre Erfahrungen in Worte zu kleiden, gebrauchen Mystiker oft die Sprache der Liebe.

Anscheinend war das durch die Jahrhunderte eine ständige Quelle des Mißverstehens. Solche Analogien sind Fingerzeige nach vorn, und da sie am anderen Ende der Skala ihre Entsprechung haben, sind sie als Fingerzeige von schier unheimlicher Treffsicherheit. Werden solche Hinweise jedoch lediglich dem Buchstaben nach verstanden, ist das nicht nur kurzsichtig, sondern führt auch unvermeidlich zum unteren Pol zurück. Da es sich dann aber um Regression handelt, schlägt die freigesetzte emotionale Energie in Destruktivität um. Bewegungen wie der Antinomismus oder religiöse Orgien tauchen zwar immer wieder auf, verschwinden aber auch stets wieder nach kurzer Zeit. Doch sie zeigen zusammen mit anderen religiösen Zeugnissen, wie schwierig es für den Menschen ist, die beiden Pole nicht miteinander zu verwechseln, und daß, wenn das Ich nach dem oberen «greift», immer eine Art Schwerkraft, ein fast unwiderstehlicher Zug zurück zum physiologischen Ende der Skala wirksam wird. Deshalb legen alle Religionen Wert auf gewisse Formen der Askese als Teil ihrer Disziplin, um Differenzierungen zu ermöglichen und um die Emotionen vom physiologischen Pol zu befreien. Nur wenn die emotionale Energie wirklich menschlich geworden ist, kann eine tragfähige Differenzierung zustande kommen.

Rudolf Otto befaßt sich in seinem Buch *Das Heilige* mit dem oberen Ende der emotionalen Skala. Sein Begriff *«mysterium tremendum»* erfaßt sehr gut den numinosen Charakter dieses Mysteriums, das jenseits menschlichen Erkennens liegt und deshalb ein Geheimnis ist. Es blendet wie strahlendhelles Licht, ist erschütternd und gewaltig, ehrfurchtgebietend und absolut überwältigend.

Nimmt man ein zeitgemäßes Denkmodell zur besseren Differenzierung zu Hilfe, könnte man sagen, daß die emotionale Energie an ihrem biologischen und physiologischen Pol zwingende Triebkraft besitzt, während sie am oberen, spirituellen Pol reine Numinosität ist, die überwältigt.

Im Büffel-Gleichnis verschwindet der Mensch schließlich (Bild 8). Das ist der Augenblick, in dem sich die Veränderung vollzieht, von der wir hier sprechen. Wenn das Gehäuse nicht bereit ist oder die Veränderung ohne hinreichende Vorbereitung forciert wurde, ist das Gehäuse in Gefahr, erschüttert und/oder zertrümmert zu werden. Es ist äußerst schwierig, da die rechte Balance zu finden. Wenn die Veränderung zu leidenschaftlich, zu ichbezogen angestrebt wird, kann wirkliches Reifen nicht geschehen. Daher liegt die Betonung im Zen auf «rechtem Streben», auf dem «Mittleren Weg», auf dem Sichbeugen, Sichloslassen, auf wahrer Demut. Es wird immer wieder davor gewarnt, spirituellen Erfolg geradewegs anzustreben. Spiritueller Stolz ist ein Panzer, der aufgebrochen werden muß, sonst kommt bestenfalls eine Persönlichkeit von zwar bemerkenswerter, aber roher Kraft dabei heraus. Der Mensch ist dann keineswegs verschwunden, er ist durchaus da. Tatsächlich könnte man sagen, er ist zu einem Büffel-Menschen geworden.

Religiöse Bräuche und Regeln sollen uns eben davor bewahren, indem sie versuchen, den Sinn für Hingabe und Verehrung in uns zu nähren, ein freiwilliges Sichdrangeben vor dem Numinosen, um die Annäherung vorzubereiten. Ideal ist es, wenn diese Dinge nur der äußere Ausdruck für eine innere Haltung sind, eine Haltung des Herzens, und als solche sind sie die natürlichen Wächter vor der Gefahr, ein Büffel-Mensch zu werden. Deshalb wurde weiter oben von dem empfindlichen Gleichgewicht gesprochen, und darum ist es so wichtig, sich zu verneigen, sich immer wieder loszulassen und darzubringen. Dann kann diese Haltung in uns wachsen und zum wahren Gottesdienst einer fröhlichen Hingabe werden, in dem das Wunder dessen, was ist, sich plötzlich und ohne Schaden ereignen kann. Aber eine solche Haltung ist heute keineswegs leicht oder natürlich zu finden. Bemühen und Loslassen müssen einander ausbalancieren und kompensieren.

Auch bei religiösen Handlungen besteht die Gefahr, über das Ziel hinauszuschießen und durch Übereifer das Gleichgewicht zu verlieren. Eine indische Geschichte veranschaulicht dies: Ein Mann saß Jahr für Jahr meditierend im Wald und betete zu Krishna um Befreiung. Eines Tages beschloß Krishna, sie ihm zu gewähren. Er näherte sich ihm von hinten und legte ihm die Hand auf die Schulter. «Was wagst du, mich zu stören, siehst du nicht, daß ich meditiere?» fuhr der Mann ihn wütend an. Traurig ging Krishna von dannen.

Es ist dies wahrlich ein Pfad auf des Messers Schneide. Nur ein demütiges Festhalten am eigenen Menschsein angesichts von Gefahren und Anfechtungen – der emotionalen Energie – läßt uns wirklich reifen.

Nun können wir uns wieder der Büffel-Analogie zuwenden, und zwar dem Stadium, da auch der Mensch verschwindet. Hier taucht ein weiterer Gefahrenpunkt auf, denn der Mensch kann jetzt fortgerissen statt erlöst werden.

Wie wir bereits wissen, muß das Gehäuse stark und flexibel sein, um die Neuordnung aushalten zu können. Wenn nicht, kommt es zu verzerrenden Erschütterungen: Am «oberen» Ende der Skala zeigen sich solche Erschütterungen als ein Ergriffen- und Gepacktsein, das oft als religiöse Erfahrung mißverstanden wird, eher aber ein Symptom für Besessenheit, eine Art Anfall ist. Der Mensch wird davon gänzlich fortgeschwemmt, und zurück bleibt eine leere Hülle. In jedem Fall beeinträchtigt dieser Zustand die Ganzheit der Person, und damit wird – zum Beispiel wenn es zum «Reden in Zungen» kommt – der Mensch seiner Integrität beraubt.

Dieser Zustand ist glücklicherweise meist reversibel. Er tritt ausnahmslos in euphorischen Hochstimmungen auf und ist bestenfalls eine kathartische Erfahrung, an die man sich sein Leben lang erinnert. Als Phänomen ist dieser Zustand wohlbekannt und bezeugt. In seiner krankhaften Ausprägung kann er virulent und ansteckend sein.

Beim einzelnen kann ein «religiöser Anfall» durch Übereifer und Ungeduld hervorgerufen oder auch durch Fastenexzesse, große Höhe und Isolation forciert werden. Wir befinden uns auf wohlbekanntem Terrain, wenn auch auf einer etwas höheren Stufe der emotionalen Skala. Der Mechanismus ist jedoch der gleiche. Das «niedrigere Ende» gehört mehr dem physiologischen Pol an – daher die Massenwirkung. Je individueller dieser Zustand wird, desto mehr ist er in Gefahr, zwischen beiden Polen hin- und hergerissen zu werden. Das Zwanghafte, das ihm eigen ist, besteht aber fort und zeigt sich oft als Fanatismus.

Es stellt sich nun die Frage, wie der «religiöse Anfall» mit dem Stadium «Auch der Mensch verschwindet» aus der Büffel-Analogie zusammenhängt. Rudolf Otto sagt vom *mysterium tremendum*, es habe die Macht, «den Menschen in seiner Tiefe und seinem letzten Grund zu bewegen» – was etwas völlig anderes ist, als einfach fortgerissen zu werden. Im letzten Fall ist keine Vereinigung, kein Zusammenkommen möglich. Es gibt keine Begegnung und kein «Sehen». Aber im Falle des *mysterium tremendum* hält das leiblich-seelische Gefüge und besitzt genügend Flexibilität, um den gewaltigen Energiestoß aufzufangen. So kann die Veränderung ohne Bruch und Schaden stattfinden, und aus dieser Wechselwirkung geht eine neue, alles einschließende, allumfassende Ganzheit hervor. Das ist keine Übertreibung, denn der Einbruch des absolut ANDEREN ist unheimlich, irgendwie «außerirdisch», und macht, daß einem kalte Schauer über den Rücken jagen, die Haare zu Berge stehen und das Herz wie wild schlägt. Eine solche Erfahrung erfaßt den ganzen Menschen. Die körperliche Seite gehört ebenso dazu wie die geistig-seelische.

Der Ausdruck «heiliges Erschauern» umschreibt, worum es dabei geht. Will man ein solches Erlebnis zum Büffel-Gleichnis in Beziehung setzen, hieße das: Der Büffel, der verschwunden ist, ist reine Numinosität geworden – die Leidenschaften, gezähmt und transformiert, sind das Buddha-Wesen selbst.

Wenn eine solche Erfahrung einen Menschen ergreift, der zumindest einigermaßen darauf vorbereitet ist – man könnte auch sagen, der demütig genug ist –, dann wird sich ihm die Numinosität in Bildern seiner eigenen Religion zeigen. Wenn seine Religion für ihn nicht mehr «wahr» ist, wird die Erfahrung des numinosen Einbruchs archetypische Züge annehmen, wie Jung sie beschrieben hat. Wie auch immer das Bild oder die Art der Manifestation beschaffen sein mag, stets haftet ihr etwas Außerweltliches, «Geisterhaftes» und Unpersönliches an, das intellektuellem Verstehen zwar nicht zugänglich, aber dennoch überwältigend und ganz und gar überzeugend ist.

Solche «Erfahrungen» können sich auf jeder Stufe

ereignen – ähnlich dem fernen Grollen eines herannahenden Sturms. Sie sind schon gleich am Anfang möglich, und zwar in der vollen Bandbreite der emotionalen Skala, wobei sie gebieterisch augenblickliche Anerkennung und sofortigen Gehorsam verlangen.

Es ist daher wichtig, daß das Gehäuse die Kraft hat, dem Ansturm der Bilder standzuhalten – das heißt, sich nicht mit ihnen zu identifizieren und sich nicht von ihnen verschlingen zu lassen. Und doch muß es flexibel genug sein, um sich in die neue Haltung hineinverwandeln zu lassen, die für die «Neuwerdung» die angemessene und passende ist.

Es gibt im Zen die besonders für Japan mit seinen vielen immergrünen Bäumen passende Redewendung, wonach die alten Blätter gütig sind. Sie bleiben an ihrem Platz, um die jungen Knospen zu schützen, die sich bereits von unten bilden. Und sie fallen ab, wenn die Knospen soweit sind aufzubrechen. Solche Erfahrungen auf dem Weg bereiten auch auf die entscheidende Veränderung vor. Das ist der Punkt, an dem der Weg in die Irre führen kann, oder vielmehr nicht der Weg, sondern der Mensch in Gefahr ist, sich zu verirren.

Wenn ein Mensch sich von einer derartigen Erfahrung fortreißen läßt, wenn er ihre «Bilder» als objektiv und endgültig nimmt, klammert er sich daran mit jener tiefen Überzeugung, die eigentlich eher dem Numinosen als dem Bild zukommt. So ist er in den Bildern gefangen, wodurch weiteres Wachstum beeinträchtigt oder gar gänzlich vereitelt werden kann. Daher die biblische Warnung: «Du sollst dir kein Bildnis machen.»

Eine Art Endgültigkeit schwingt in der Tat bei jeder

dieser Erfahrungen mit, denn sie können eine Verwandlung im Sinne echter Anpassung und eine neue innere Haltung zur Folge haben. Daher ist es ungeheuer wichtig, daß der Mensch diesen Einbruch, diese Begegnung, aushalten kann. Und wahre Demut, wie sie auf dem Schulungsweg entwickelt wird, ist dabei unerläßlich. Es ist das eine Frage des «Ausleidens», und zwar immer wieder, bis der Leidende, das Ich, schließlich bereit ist «abzufallen». Ein klein wenig von ihm stirbt jedesmal, und das macht den Wechsel in eine neue innere Haltung möglich.

Aber was geschieht, wenn sich so eine Erfahrung ereignet, und der Mensch ist gar nicht da? Wenn der «Bilder-Produzent» nicht zugegen ist? Nicht deshalb abwesend, weil er sich vorzeitig von «Erfahrungen» hat fortreißen lassen und also noch da ist, obwohl er weg ist, sondern weil er *nichts* ist, weil die Welle begriffen hat, daß sie der Ozean ist, wie die buddhistische Analogie besagt.

Das Büffel-Gleichnis nennt dieses Stadium «Zurück in den Ursprung, zurück zur Quelle» (Bild 9). Man kann es nicht besser ausdrücken, denn das ist wahres Einssein, Ganzheit – kein abgesondertes Ich kann DAS sehen bzw. erfahren. Einssein und Ich schließen einander aus. Natürlich, denn «der Mensch» muß «aus dem Weg geräumt» sein. Das ist auch der Ort, wo, wie Meister Hakuin es ausdrückt, der GROSSE TOD sich ereignet: «Groß», weil es ein Sterben im Leben und in das LEBEN hinein ist, und «Tod», weil es den Tod des Ich bedeutet, so wie ich es kenne. Damit ist dann auch das Ende aller Angst gekommen, auch der Angst vor dem «natürlichen Tod». Die endgültige Veränderung hat sich ereignet, die grundlegende Umwandlung hat stattgefunden. Da ist nur noch LEBEN, das Herz ist frei von den Fesseln des Ich, und so kann seine ihm innewohnende Wärme sich frei und in voller Bewußtheit verströmen.

Indem das Ich, der Mensch, befreit ist, «im Ursprung, an der Quelle», ist er in den nichtpersonalen Bereich des Schöpfergeistes durchgebrochen, der nun wahrhaft menschliche Gestalt und Züge trägt. Diesem neuen, wahren Menschen ist es ganz unmöglich, sich davonzustehlen – wohin auch sollte er gehen? Er «kommt zum Marktplatz zurück und seine Hände schenken Glückseligkeit» (Bild 10). Er nimmt das Leben auf als wahres menschliches Wesen. Er ist nicht mehr draußen, die Große Ordnung umfängt ihn, er ist umgewandelt. Er sieht klar, wer er ist, und ist demütiger Diener dessen, was er ist. Sein Eingangstor ist fest verschlossen, weder Buddha noch Mara können ihn finden, ihn, der nicht da ist, der *nichts* ist. Wenn das Nicht-Ich erwacht ist, gibt es keine *vom eigenen Willen bestimmte Absicht*, keine Einmischung, wie wohlmeinend sie auch sein mag. Solch ein Mensch hinterläßt keine Spur, er ist dem karmischen Gesetz entkommen, obwohl er es auch «nicht verdunkelt», wie es in einer Zen-Geschichte heißt. Er handelt in Einklang damit, er steht nicht darüber. Und so ist er weder durch Moralvorschriften gebunden noch jenseits von ihnen, denn er ist zu dem Ort durchgedrungen, wo alle Moral ihren Ursprung nimmt, und ist echt und wesenhaft «gut», das heißt, er ist voller Liebe und Weisheit. Das heißt aber auch, daß er nicht blind ist, daß er Unterschiede erkennt und zwischen Buddha und Mara, zwischen gut und böse, zu unterscheiden vermag. Er erkennt sie als das, was sie sind, sobald er sie sieht, sie haben keine

Macht mehr über ihn, können ihn nicht länger in ihren Bann ziehen. So ist er ganz natürlich «gut».

Er ist weder ein Heiliger noch ein Weiser, sondern voll und ganz Mensch. Und seine Menschlichkeit ist demütig, denn er weiß um den menschlichen Jammer und die menschlichen Torheiten, an denen wir alle Anteil haben. Wie könnte er sonst andere verstehen? Deshalb ist er weise. Er ist nicht länger der Spielball menschlicher Torheiten. Wie könnte er sonst anderen helfen, ihnen den Weg in die Freiheit weisen, wenn er selbst nicht frei wäre? Meister Hakuin sagt deshalb von ihm: «Die Nase ist senkrecht und der Mund ist waagrecht.» Das heißt, er hat nun einmal einen bestimmten Körper mit den besonderen Eigenschaften dieses Körpers und den Neigungen, die dazu passen. Keinesfalls ist er «jenseits» des Körperlichen – vielleicht mag er lieber Tee als Kaffee, aber die Welt bricht nicht zusammen, wenn er mal keinen Tee bekommt.

Er ist voll und ganz Mensch, ein Mensch, der dadurch, daß er den gewaltigen Einbruch des *mysterium tremendum* durchlitten hat, verändert wurde. Dadurch hat sich die endgültige Umwandlung ereignet. Auch alle überweltliche Numinosität, alles Jenseitige des GANZ ANDEREN ist nun in ihm menschlich geworden, wahrhaft menschlich.

Auch im Christentum findet sich davon ein Widerhall: «Bevor Abraham war, bin ICH» (Joh. 8,58), der Menschensohn und Gott, der in «der zweiten Person der Trinität» Mensch geworden ist. Da kein Ich solche Dinge begreifen kann, sind sie schon immer als religiöse Geheimnisse betrachtet worden. Aber die Mystiker aller Zeiten sprechen dieselbe Sprache, denn sie haben dieses Reich gesehen, und so reden sie «mit einer

Stimme». Das Ich kann Wunder nur annehmen, wenn sie seiner Vorstellung von Geheimnis entsprechen. Aber in der Fülle, die jenseits des Ich liegt, ist alles, was ist, Wunder. Ein Zen-Meister drückt das so aus: «Wie staunenswert und voller Wunder, ich trage Holz und hole Wasser.»

Der ganze Mensch arbeitet in Einklang mit dem, was ist. Er ist eins damit. Er verdunkelt es niemals und beeinträchtigt es nicht. Darum wirkt er keine Wunder wie übers Wasser gehen oder Tote auferwecken. Vom Wissen um den Tod bleibt er unberührt, aber er weiß viel vom Leben: von seinen Freuden und Sorgen, seiner Schönheit und Häßlichkeit. Obwohl er «Wunder» wirken kann – und es auch tatsächlich tut –, sind diese doch vollkommen menschlich. Sein Herz ist offen, seine umfassende Liebe und Barmherzigkeit lindern schon durch bloße Berührung Kummer und Übel. Seine «Glückseligkeit schenkenden Hände» geben seinen Mitmenschen neue Hoffnung. Und weniger durch Worte als durch das, was er ist und wie er ist, weist er den Weg all jenen, die ihn gehen wollen – den Weg, von dem der Buddha sagte, daß er ihn wiederentdeckt habe: den alten Weg zu einer alten Stadt. Es ist der Weg des Herz-Geistes, so alt wie die Menschheit selbst, der von allen gegangen werden kann, die bereit dazu sind. Er ist immer da und führt zu jener alten Stadt, das heißt zur Fülle des menschlichen Herzens, das zugleich das Herz des Buddha ist.

Wenn also die Zen-Schule sich die Buddha-Herz-Schule nennt, weist eben dieser Name den Weg, der in einer lebendigen Kette vom Meister zum Schüler übermittelt wurde. So blieb seine Lehre immer lebendig, wie auch seine Härten, Gefahren und Hindernisse.

Aber auch die einzelnen Entwicklungsstufen des Weges – und schließlich die Fülle des HERZENS, wenn man wirklich angekommen ist.

Die Praxis des Zen

Wir haben über Buddhas Leben gelesen und über das Leben der Mönche in einem Schulungskloster. Nun müssen wir uns fragen: Was können wir in unserem Leben, hier und jetzt, tun? Kann ohne Tempel und Schulungsklöster überhaupt irgend etwas getan werden? Ganz gewiß ist die Antwort darauf «Ja» – wenn es uns ernst ist damit.

Der Alltag eines Mönchs ist zwar härter als der unsere, hat er sich aber erst einmal eingewöhnt, wird auch dieser zur Routine. Unterbrechungen bilden – wie bei jeder Routine – die mehr oder minder heftigen emotionalen Bewegungen und Widerstände gegen das, «was ich nicht mag». Die Disziplin des Klosters gibt dem Mönch aber kaum die Möglichkeit auszuweichen. Er kann solchen Regungen weder nachgeben noch sich von ihnen fortreißen lassen. Er hat alles so zu nehmen, wie es kommt, und muß erdulden, was in ihm aufsteigt, während er – ganz gleich, ob ihm das leichtfällt oder nicht – seine alltägliche Arbeit verrichtet. Ob ihn dies nur seelisch zermürbt oder ihm als willkommene Übung dient, sich «abzuschleifen», hängt von ihm selbst, von seiner inneren Haltung ab.

Auch wir können uns entschließen, aus einer solchen

Haltung heraus zu leben. Wir können unser tägliches Einerlei als unsere Disziplin, als unsere Übung nutzen, können uns mutig dem Aufruhr der Emotionen stellen, wie und wann sie sich zeigen, und sie willig erdulden. Indem wir sie wieder und wieder durchleiden, folgen wir den Spuren des Buddha.

Wie schaut das nun in der alltäglichen Übung aus? Für die meisten von uns ist der Tagesablauf auf eine bestimmte Weise strukturiert. Man geht seinem Beruf nach, hat Hausarbeit zu verrichten oder muß beides miteinander verbinden. Aber innerhalb dieses Rahmens sind wir einigermaßen frei. Es bleibt sogar recht viel unserer freien Entscheidung überlassen – vielleicht nicht, *was* wir tun, aber oft doch, *wann* wir es tun. Auch wann wir morgens aufstehen und abends zu Bett gehen wollen, können wir weitgehend selbst entscheiden. Da wir aber niemals alles ganz nach unseren Wünschen einrichten können, gibt es auch hier Probleme. Ja, schlimmer noch: Je mehr wir gewöhnt sind, unseren eigenen Neigungen zu folgen, desto weniger ertragen wir es, daß unsere Wünsche durchkreuzt werden, und geraten schon bei kleinen Widrigkeiten aus der Fassung. Wir glauben natürlich, daß «es uns gut ginge» und wir auf ewig glücklich und zufrieden wären, wenn wir nur alles so hätten, wie wir es uns wünschen. Doch da täuschen wir uns und machen uns dadurch das Leben erst schwer. Denn da das – wie die Dinge nun einmal liegen – niemals sein kann, sollte man versuchen, eine Kehrtwendung der inneren Einstellung zu vollziehen – fast als eine Art «Gegenmittel». *Ich* möchte nur das, was ich mag, und bin schnell verstimmt, wenn etwas dem zuwiderläuft. Würde ich nur eine Zeitlang in meiner wilden Jagd nach dem, was meinen Wünschen entspricht, innehalten, würde ich aufhören, die Dinge zurechtbiegen zu wollen und einfach still nachdenken, so würde mir aufgehen, daß es unmöglich ist, nur das zu haben, was ich mag. Meine Jagd nach dem, was mir paßt, führt also nicht zum Ziel, sie ist lediglich Kraftvergeudung und frustrierend obendrein. Bei weiterem Nachdenken wird dann klar: Wenn es unmöglich ist, die Dinge immer so zu haben, wie ich es mag, dann liegt die Schwierigkeit nicht bei den Dingen, sondern bei mir. Das Ich ist maßlos in seinen Wünschen und Bedürfnissen, die zwar als natürliche, menschliche Bedürfnisse ihren Wert und ihre Berechtigung haben, aber aufgrund meiner vorgefaßten Meinungen mißverstanden werden. So darf man der ganzen Geschäftigkeit um «mich und meine Wünsche» getrost mißtrauen. Dies hilft, die innere Einstellung zu ändern, und anstatt den Dingen da draußen nachzujagen, wenden wir uns lieber dem zu, der hier Probleme macht und Unruhe stiftet, dem Ich.

Man kann versuchen, den Spuren des Buddha zu folgen und seinen Weg, der uns aus diesem Gewirr von Ich und Emotionen herausführt, zu unserem eigenen zu machen. Für wie lange? Wir können uns entschließen, unser alltägliches Leben, so wie es ist, als unsere Disziplin, als unsere Übung zu betrachten – zunächst einmal nur für drei Monate. Sonst könnte uns das leicht wie eine Ewigkeit vorkommen, und damit wäre der Entschluß so schnell wieder vergessen wie die guten Vorsätze an Silvester. Wir brauchen uns für eine solche Übung nichts Besonderes zurechtzulegen, es genügt unser tägliches Einerlei. Nur den Zeitpunkt fürs Aufstehen und Schlafengehen sollten wir festlegen. Es ist unbedingt erforderlich, den Tagesablauf so zu leben, wie er ist, ohne irgend etwas daran zu ändern – in dem Sinne, wie ich es mag, wie es mir günstiger und effizienter oder sogar für die Übung besser erscheint. Den Alltag einfach lassen, wie er ist, und das, was getan werden muß, so gut ausführen wie nur irgend möglich! Wenn wir uns in dieser Weise angebunden fühlen und so viele unserer üblichen Freiheiten beschnitten sehen, bleiben emotionale Reaktionen gegen diese Disziplin nicht aus – und sind auch ganz natürlich. Das ist sogar ein Teil der Übung und soll uns als eine Art Haltepflock dienen, und uns gerade auch in widrigen Situationen, in denen wir nicht so vorgehen können, wie wir möchten, helfen, leichter das Gebotene zu tun.

Ein weiterer Zweck dieser Schulung ist, daß wir in ihr und durch sie lernen, unsere emotionalen Regungen zu erkennen, anzunehmen, zu ertragen und zu durchleiden, das heißt, ihnen weder freien Lauf zu lassen noch sie zu unterdrücken. Genaugenommen begeben wir uns in ein tiefes Einverständnis, in ein grundlegendes Bereitsein. Dieser Punkt ist überaus wichtig – und sehr schwer zu verstehen.

Beide Aspekte der Schulung sind eng miteinander verbunden und eigentlich nur zwei Seiten ein und derselben Sache – wie die zwei Seiten einer Medaille. Das Leiden durch seelischen Aufruhr ist geradezu die Voraussetzung für die Fähigkeit, uns in allen Situationen angemessen zu verhalten. Es muß wohl kaum betont werden, daß dies das Gegenteil unseres anerzogenen «reibungslosen Funktionierens» ist. Wie kam es überhaupt dazu und warum?

Nicht nur heute, in unserem komplizierten technologischen Zeitalter, genießt angemessenes, effizientes Verhalten besondere Wertschätzung. Seit den Tagen, da unsere Vorfahren Mammuts und Bisons jagten, war reibungslose Zusammenarbeit überlebensnotwendig – ob der einzelne gerade dazu aufgelegt war oder nicht. Da der Mensch nun mal stark von seinen Emotionen bestimmt wird, wurden von jeher Hilfsmittel und Riten entwickelt, um ihn in die erforderliche psychische Verfassung zu versetzen: Jagd- und Kriegstänze zum Beispiel, Lieder zum Pflügen und Säen, und auch bestimmte Verwandtschaftsbeziehungen waren verbunden mit der Pflicht, die Angehörigen geziemend zu unterstützen. Bei all dem liegt das Augenmerk auf angemessenem Verhalten und Handeln, darauf, emotionale Barrieren zu überwinden, nicht aber auf der Barriere selbst, dem eigentlichen Unruhestifter.

Wir haben alle im Laufe unserer Erziehung und unseres Erwachsenwerdens gelernt, wie sich, um eines angepaßten und verläßlichen Verhaltens willen, Gefühle unterdrücken oder verdrängen lassen. Da wir heute etwas mehr «Bewußtseins-Spielraum» haben als unsere Vorfahren, können wir ohne Arbeits- und Kriegstänze auskommen – scheinbar. Heute sorgen Werbung und Medien dafür, daß wir in die richtige Stimmung kommen. Die Emotionen und die damit verbundenen Probleme haben sich nie verändert und immer die Herrschaft behalten. Das Ich des westlichen Menschen ist besonders geneigt, emotionale Regungen zu kontrollieren oder zu kappen, und merkt dabei nicht, daß diese gar nicht irgendeinem Ich gehören, sondern nur allzuoft das Ich in ihrer Gewalt haben. Nicht ich habe Emotionen, sondern die Emotionen haben mich. Wären sie tatsächlich «meine», dann wären sie meinem Willen unterworfen. Ich könnte sie nach Belieben hervorrufen und mühelos wieder ablegen – aber wenn ich ehrlich bin, muß ich zugeben: dem ist nicht so.

Das Ich und die Emotionen sind sowohl Feinde als auch Waffenbrüder. *Ich* habe lange gebraucht, meine eigene Methode zu entwickeln, um den Emotionen aus dem Weg zu gehen und mich vor ihrem Zugriff zu schützen – und das alles, um funktionstüchtig zu bleiben. Aber damit werden meine Probleme nicht geringer.

In der Schulung beginnen wir jedoch am anderen Ende. Und das ist außerordentlich hart. Es wird etwas verlangt, was wir noch nie zuvor getan, ja wovon wir noch nicht einmal etwas geahnt haben. Tatsache ist, daß wir dem bisher mit Fleiß aus dem Weg gegangen sind. Und wenn wir uns jetzt einer solchen Schulung unterziehen, dann steht gewöhnlich das Motiv dahinter, daß wir dem auch weiterhin aus dem Weg gehen wollen. Es ist daher nicht verwunderlich, wenn die Übung, so wie sie ist, zunächst wie ein Schock wirkt, denn sie ist genau das Gegenteil von dem, was wir erwartet haben. Schon Meister Rinzai sagte vor tausend Jahren, daß die Natur des gewöhnlichen Menschen sich nicht dazu hingezogen fühlt.

Es ist sehr schwer zu erklären – das zeigt die Erfahrung –, wie man mit einer solchen Übung und Schulung beginnen kann. In unserer bisherigen Erfahrung oder unserem kulturellen Umfeld findet sich nichts, was darauf vorbereiten würde, nicht einmal begriffliche Annäherungen. Und alles, was wir wissen und zuinnerst wünschen, weist in die entgegengesetzte

Richtung. *Ich* bin gewöhnt, die Oberhand zu haben, und möchte jedermann so zurechtbiegen, wie er – meiner Meinung nach – sein sollte. Kurz gesagt: Ich brauche eine Vorstellung als Bezugsrahmen für mein Handeln. Es ist daher nicht verwunderlich, daß ich etwas, das außerhalb dieses Bezugsrahmens liegt, nicht in mich aufnehmen kann. So muß ich wohl oder übel dem vorhandenen Muster folgen, ohne daß mir das überhaupt bewußt wird. Mir bleibt nur, die Sache für einige Zeit auszuprobieren und konkrete Ergebnisse zu sammeln. Nur so wird es möglich, das Ich zu veranlassen, seine eingefahrene Spur aufzugeben und nach und nach eine neue zu akzeptieren. Was auch immer wir denken und glauben mögen, wir lernen nur durch Erfahrung und durch Vertrautwerden mit den «neuen Mustern», und diese können nur durch tatsächliches Tun zum festen Bestandteil, zu unserem wirklichen «Besitz» werden. Es ist wie beim Radfahren oder Klavierspielen, beim Schreibenlernen oder der Aneignung einer Fremdsprache: Der Lernprozeß besteht vor allem aus ständiger Wiederholung – bis das Neue «sitzt».

Warum sollte das so schwer einzusehen und anzunehmen sein? Fragen wir uns je, was die Worte, die wir so zungenfertig und ganz nach Belieben gebrauchen, tatsächlich bedeuten oder worauf sie verweisen? Das Unbegreifliche und Unvorstellbare ist doch wohl das, was wir nicht denken und uns nicht ausmalen können. Es ist ganz anders, völlig außerhalb unseres Bezugsrahmens. Wenn uns dies «ganz andere» anzieht, machen wir uns natürlich unsere Gedanken darüber, aber auch die können nicht anders aussehen, als unsere konkreten Erfahrungen zulassen. Wir können unsere

Vorstellungen zwar auf ungewohnte und abstrakte Weise kombinieren, zum Beispiel den Kopf einer Frau auf den Körper eines Löwen setzen oder den Körper eines Mannes mit einem Elefantenkopf versehen. Wir können also willkürlich zusammenfügen, was in Wirklichkeit nicht zusammengehört. Aber wenn ich noch nie eine Katze, weder lebendig noch auf einem Bild, gesehen habe, welche Gestalt werde ich mir ausdenken, wenn jemand mir – wie genau auch immer – ein solches Tier beschreibt und erklärt? Und zwar die ganze Katze, nicht nur das, was besonders entzückt oder auffällt: den Schwanz und die Schnurrhaare oder das verhaltene Grinsen? Kann man einem Blindgeborenen je begreiflich machen, was Farbe ist? Wenn ich blau sehe, dann nur deshalb, weil meine Augen eine bestimmte Wellenlänge des Lichts als blau wahrnehmen. Bin ich aber zufällig farbenblind, sehen und deuten meine Augen eine bestimmte Wellenlänge als grün, die einem anderen als rot erscheint.

Wir sind von Haus aus träge und faul. Wir machen uns nur selten die Mühe, die Dinge wirklich zu durchdenken. Oder wir scheuen davor zurück, weil das Ergebnis unbequem sein könnte. Und doch ist hier das eigentliche Betätigungsfeld unseres Denkvermögens und nicht im Bereich der Emotionen, wo wir es gern herumtollen lassen, wo es aber naturgemäß «blind» ist.

Wie kann man jemandem, der nur den tropischen Urwald kennt, vereiste Schneegipfel beschreiben, wenn er noch nie ein Bild davon gesehen hat? Er hat einfach keine Vorstellung davon. Während er nun der Beschreibung lauscht, beginnt seine Phantasie zu arbeiten: weiß – er kennt nur die grünen Schatten seines

Waldes – belebende, frische Luft, eisige Kälte – was sagt ihm das? Aber je mehr er hört, desto eifriger beschwört seine Phantasie ihm bekannte Vorstellungen herauf, die er in eine bestimmte Beziehung zueinander setzt, und schließlich ist er von dem so entstandenen, selbstgeschaffenen Bild bezaubert – und überzeugt davon, daß dieses Bild der Wirklichkeit entspricht.

Diese Tatsache wirklich zu akzeptieren fällt außerordentlich schwer. Ein bißchen Nüchternheit kann da hilfreich sein. Wie stellen wir uns zum Beispiel «Himmel», «Hölle», «Gott» und «Teufel» vor? Vielleicht als schwärzer oder strahlender, häßlicher, schöner, oder erschreckender als alles, was wir kennen, aber nie überschreiten wir dabei die Grenzen unserer Erfahrung. Übrigens ist das der Grund, warum wir so leicht Probleme kriegen, wenn wir unser kulturelles Umfeld und die damit verbundenen Denkkonventionen verlassen. Ein Gespenst trägt vielleicht seinen Kopf unterm Arm, es kann mit Ketten klirren oder rasseln, aber auf jeden Fall geht es auf Füßen – trapp-trapp oder schlurf-schlurf. Sein japanisches Pendant hat – welche Überraschung – überhaupt keine Füße. Wir wären niemals darauf gekommen, nicht wahr? Es wäre uns nicht im Traum eingefallen. Aber wenn es uns erzählt wird, können wir das begreifen, weil wir auch Gespenster haben und Füße – vorhanden oder nicht – uns an sich nicht unbekannt sind.

Und das «ganz andere»? Wie verhalten wir uns dem gegenüber? Selbst wenn ein spiritistisches Medium mit der Stimme meiner toten Tante Mary ihren gegenwärtigen Aufenthaltsort schildert, ist dieser niemals gänzlich anders. Die Blumen sind vielleicht leuchtender, das Gras grüner, alle Wesen ätherischer – der Unterschied besteht nur im Grad der Intensität, der auf die angebliche Andersartigkeit hinweisen soll. Aber es handelt sich nicht wirklich um etwas «anderes». Jenseits dieses phantasievollen Spektrums der «Andersartigkeit» hat die Science-fiction-Literatur größte Schwierigkeiten, die völlige Andersartigkeit der Lebewesen anderer Planeten zu schildern. In den meisten Fällen kommt dabei entweder ein mehr menschliches oder ein eher animalisches Wesen mit Intelligenz heraus. Manche besonders phantasievolle Schreiber komponieren ausgefallene Mischformen, aber nichts ist so völlig anders, als daß wir es nicht sowieso von einem Planeten erwarten würden, der sich von unserer Erde gravierend unterscheidet. Wir können sicher sein, daß unsere Science-fiction-Autoren, wenn die Schilderung des «ganz anderen» möglich wäre, schon längst darauf gekommen wären.

Es fällt *mir* schwer, das aufzunehmen, was mir nicht zusagt, was meiner Selbsteinschätzung Abbruch tut. Solche Gedanken sind in der Tat erschreckend, und ich würde ihnen lieber aus dem Weg gehen.

Es gibt nur eine einzige Möglichkeit, die uns das wirklich Unbekannte wahrnehmbar macht: die eigene Erfahrung. Wie schon Meister Hakuin sagte: Will jemand wissen, wie Meerwasser schmeckt, verschwendet er bloß seine Zeit, wenn er darüber nachdenkt. Er braucht nur geradeaus und immer weiter zu gehen, bis er zum Meer kommt (das Land, auf das Meister Hakuin sich bezieht, ist Japan, eine Insel). Wenn er sich dann bückt, seinen Finger ins Wasser taucht und die Tropfen ableckt, kennt er in diesem Augenblick den Geschmack aller sieben Weltmeere.

Ein Ich, das den Zen-Weg gehen möchte, wird bald durch die Einsicht schockiert, daß *ich* ihn nicht verstehen kann. Wenn ich ihn also gehen will, muß ich das in reinem Vertrauen tun – ich brauche die «Große Wurzel des Glaubens». Und sowie ich mich auf den Weg mache, muß ich jeden Schritt immer wieder überprüfen, um Rückfälle in altgewohnte Verhaltensmuster zu verhindern, weil sehr wohl die Gefahr besteht, daß ich es gar nicht merke, wenn ich den eingeschliffenen Mustern entsprechend agiere – ich brauche die «Große Wurzel des Zweifels». Und da zum Weg gehört, was ich bislang tunlichst vermieden habe und womit ich, ehrlich gesagt, auch in Zukunft eigentlich nichts zu tun haben möchte, brauche ich eine leidenschaftliche, fast verzweifelte «Kraft», um mich den Tatsachen zu stellen und sie aushalten zu können.

Das sind die drei traditionellen Voraussetzungen (Glaube/Vertrauen, Zweifel, Kraft) für den Weg. Aber da das Ich des westlichen Menschen im 20. Jahrhundert ein sehr halsstarriger, arroganter, ungeduldiger und habgieriger Geselle ist, können zwei weitere Erfordernisse hinzugefügt werden: «Große Geduld» und «Große Demut».

Der Zen-Weg und der Buddhismus entstammen nicht unserem Kulturkreis. Das neuerwachte Interesse an allem Fernöstlichen hat zu einer wahren Bücherflut geführt, auch zu vielen Übersetzungen buddhistischer Schriften. Aber wie soll man einen Begriff übersetzen – man mag die andere Sprache noch so gut beherrschen –, wenn man den betreffenden Gegenstand gar nicht kennt? Wie soll eine Übersetzung etwas übermitteln, was unserem Denken wirklich fremd, was andersartig ist? Ganz ohne Verzerrungen geht es dabei nicht ab. Doch solche Bücher wecken unser Interesse, und wir verwenden ihre Darstellungen dann für unsere eigene «Bilder-Produktion». Wenn das Bild sehr anziehend ist, uns sozusagen hinreichend reizvoll erscheint, kann es uns dazu bewegen, mit einer Schulung anzufangen – weil wir dieses Bild, von dem wir uns «Erlösung», Befreiung von allen Wirren und Widerwärtigkeiten erhoffen, in unseren Besitz bringen möchten. Wie gern wäre ich doch frei, unabhängig, achtsam, selbstbeherrscht und natürlich erleuchtet. Aber ich interpretiere alle diese Attribute ganz in meinem Sinne, so wie ich sie verstehe. Diesen herrlichen Dingen nachzujagen bin ich durchaus bereit.

Und dann beginnt die Übung, und alles entwickelt sich völlig anders, als ich erwartet habe und auch Anlaß hatte zu glauben. *Dafür* bin ich nicht hergekommen – was in gewisser Hinsicht ja sogar stimmt. Je mehr ich nun an meinen schönen Bildern hänge, um so schwächer bin ich in Wirklichkeit. Klammere ich mich daran, als ginge es um mein Leben, dann kann ich sie nicht loslassen – folglich breche ich die Schulung ab.

Reicht meine Demut jedoch aus, den unerwarteten Verlauf der Dinge zu akzeptieren und mich mit der Entthronung meiner Wunschbilder einverstanden zu erklären, und bin ich darüber hinaus auch noch geduldig genug, der Übung zumindest eine Chance zu geben, kommt es alsbald zu unerwarteten Schwierigkeiten. Denn wenn ich mich entschließe, meinen Alltag mit seinem täglichen Einerlei ganz so zu leben, wie er ist, die Dinge zu nehmen, wie und wann sie kommen, und alles so gut, wie ich nur irgend kann, zu tun, tauchen sofort Probleme auf. Ich betrachte natürlich die Umstände, die ich mich bemühe anzunehmen, als das Objektive. Aber das ist nicht so wichtig, denn im Laufe unseres Berufs- und Arbeitstages müssen wir damit sowieso irgendwie fertig werden. Und außerdem: Die Objekte, die äußeren Bedingungen sind mir nicht anheimgegeben, und ich werde sie nie ganz unter Kontrolle kriegen. Aber meine Reaktionen sind es. Was ich annehmen und mir vertraut machen muß, sind meine emotionalen Reaktionen, meine Widerstände, wenn etwas geschieht, was mir nicht paßt. Diese Reaktionen sind unbestreitbar «mein», auch wenn ich sie nicht mag und viel Übung darin habe, mich ihnen gegenüber – zumindest was die kleineren Reaktionen anbelangt – blind zu stellen. Aber gerade sie sind sowohl die Störenfriede als auch die Hindernisse.

Der erste Schritt in der Schulung heißt also, mit der Arbeitsweise des emotionalen Haushalts vertraut zu werden. Am Anfang ist es immer so, daß ich mich als den Agierenden empfinde. «*Ich* akzeptiere *dieses*.» Damit sind wir wieder bei der Subjekt-Objekt-Trennung: Die Übung gerät auf Abwege oder nährt meinen Eigendünkel. Denn wenn *ich* versuche, die emotionale Energie zu domestizieren und zu integrieren, wird die Übung bald langweilig und mühsam. Ich gebe auf.

Wie aber kann man die eigenen emotionalen Widerstände und Reaktionen «akzeptieren»? Nicht indem wir sie ableugnen oder uns weigern, sie zu sehen, denn gerade das gibt ihnen Macht über uns. Deshalb ist die Umkehr des Herzens so wichtig.

Wenn wir gemütlich zusammensitzen und du bittest mich um eine Tasse Tee, steh ich ohne Umstände auf, um in die Küche zu gehen – falls ich auch eine Tasse möchte. Aber wenn ich in ein spannendes Buch vertieft bin oder mich mit irgend etwas beschäftige, was mir wichtig erscheint, dann kann eine solche Bitte schon Unmut erregen: «Ach, laß mich doch in Ruhe» oder «Immer grad zur unpassendsten Zeit». Ich bin ärgerlich, weil ich gestört wurde, rege mich auf über deine Rücksichtslosigkeit und bin versucht herauszuplatzen: «Kannst du ihn dir nicht *einmal* selber machen?» Wenn ich mich zu solchen Worten habe hinreißen lassen, muß ich zugeben, daß ich wieder, und zwar zum x-ten Mal, in meiner Übung versagt habe. Kein anderer ist schuld daran – es ist *meine* Reaktion.

Wenn es mir aber mit der Übung ernst ist, bringe ich es vielleicht wenigstens fertig, den Mund zu halten. Und wenn der erste Ärger abgeklungen ist, mag ich zu der Einsicht kommen, daß meine Übung zuvörderst darin besteht, meine emotionale Reaktion anzunehmen – und dann die Bitte zu erfüllen. Also gebe ich mir einen Ruck, raffe mich auf und mache Tee. Die erste Runde ist gewonnen. Aber schon droht neue Gefahr, denn während ich den Wasserkessel aufsetze, gratuliere ich mir zu meiner «Leistung», mich trotz Störung so bereitwillig zu zeigen. Offensichtlich habe ich doch Fortschritte in meiner Übung gemacht. Das aber bedeutet, ich versuche, die Tat mir gutzuschreiben, um mein Selbstwertgefühl zu steigern – ohne mich darum zu kümmern, was tatsächlich in mir vorgeht. Denn wenn ich mir nicht selbst auf die Schulter klopfe, sondern mutig und ehrlich meine inneren Turbulenzen anschaue, muß ich zugeben, daß ich vor lauter Ärger kaum imstande bin, einen Fuß vor den anderen zu setzen. Also nehme ich diesen Ärger an *und* mache Tee – und bin mir voll und ganz bewußt, daß es in mir kocht. Darin besteht die Schwierigkeit: etwas zu lernen, was uns wirklich wesensfremd ist, nämlich offen zu sein für unsere emotionalen Reaktionen *und gleichzeitig* sanft und reibungslos das Gebotene zu tun.

Da wir von emotionalen Erregungen stark mitgenommen werden, müssen wir lernen, sie zu ertragen und in vollem Gewahrsein willig zu durchleiden. Erinnert uns das an die Worte des Buddha: «Leiden lehre ich und den Weg aus dem Leiden heraus»? Wir brauchen uns nicht um eines angemessenen, effizienten Verhaltens willen von dem abzuwenden, was in uns vorgeht, sondern müssen lernen, uns im Zustand des Leidens, mitten im Leiden angemessen zu verhalten.

Eine emotionale Reaktion ist aufsteigende Energie, die zum Handeln drängt. Beim Menschen ist sie im allgemeinen blind, weil unbewußt. Wenn man zum Beispiel physisch oder verbal um sich schlägt, fließt die Energie in diese Aktion, und wir erleben das als Abbau von Spannung. Ist es uns aber nicht gestattet, der Energie auf diese Weise ein Ventil zu verschaffen, kann sie sich gegen uns wenden und uns lähmen. Wir verkümmern von innen heraus und sind mehr oder weniger behindert.

Je mehr wir der einen oder der anderen Seite nachgeben, um so niedriger wird unsere Toleranzschwelle und desto mehr werden wir zum Spielball unserer Emotionen. Zuviel Nachgiebigkeit, zuviel Erleichterung mag zwar momentan die Spannung senken, macht aber auf Dauer die Dinge eher schlimmer als besser. Wie wir wissen, ist die Unterdrückung der Emotionen auch keine Lösung, da sie früher oder später doch gewaltsam hervorbrechen oder uns unbemerkt überfallen.

Obwohl ich vor dieser doppelten Last zurückschrecke, vor dem sanften, effizienten Handeln mitten im Zustand emotionaler Erregung, bewirkt doch gerade dieses «Leiden im Handeln» die Transformation. Es behandelt die Ursache unserer Krankheit und nicht ihr Symptom. Dieses Leiden ist allerdings nicht etwas, das ich aktiv *tun* kann – ich, der ich mich selbst beobachte –, es ist ein passives, bereitwilliges und stummes Erdulden, das sich dem Angriff der eigenen Emotionen öffnet und sie inwendig ihre «Schleifarbeit» tun läßt. Damit hat der aktive Teil des Ich nichts zu tun, wohl aber mit dem Bestreben, trotz allem sanft und reibungslos weiterzufunktionieren, obwohl der Vorgang ganz bewußt erlebt wird. Hier kann man sehen, was die Übung des Annehmens wirklich bedeutet. Kein Ich ist dazu von Anfang an imstande. Es braucht viel Übung, viel «Versuch und Irrtum», bevor man wirklich begreift, was damit gemeint ist.

Wenn mir aufgeht, daß diese Übung nicht nur schwierig ist, sondern ich auch sehr oft Schiffbruch mit ihr erleide, bin ich in Gefahr, mutlos und verzagt zu werden. Aber daß nicht alles «so klappt», ist nur natürlich. Könnte ich gleich von Anfang an alles richtig machen, wie ich in meiner Naivität erwarte, wenn ich mich zu dieser Schulung entschließe, dann wäre eine solche Übung nicht nötig.

Mittlerweile lerne ich eine Menge, wenn ich einsehe, daß ich die Übung nicht durch Willensanstrengung in den Griff bekommen kann. Das macht mich nüchterner in meiner Selbsteinschätzung. Darüber hinaus beginne ich zu argwöhnen, daß ich selbst tatsächlich mein größtes Hindernis bin, da es kein Objekt gibt, dem ich die Schuld zuschieben könnte. Wenn alles gut geht, ist das die erste kleine Umwandlung, ein erstes

Sanfter- und Weicherwerden des starren Ich. Aber schon zeigt sich die Gefahr, daß ich das nur mit meinem Verstand erfasse und anfange, mich zu analysieren, versuche, mir auf die Schliche zu kommen – was zu gar nichts führt, lediglich zu endlosen einander widerspiegelnden Gedanken. «Das Auge sieht und kann sich selbst nicht sehen, das Schwert schneidet und kann sich selbst nicht schneiden.» Und wirklich, der Große Zweifel ist wesentlich für den ganzen Weg und außerdem ein Wegweiser, der zeigen kann, wo die Spur des Weges verläuft, wenn ich, ahnungslos wie ich bin, in gutem Glauben die Sache wieder einmal selbst in die Hand genommen habe.

Ich kann meine emotionalen Erregungen nicht in «den Griff kriegen», ich kann sie nur ausleiden. Wenn ich die emotionale Energie weder in impulsiven Aktionen entweichen lasse noch ihr erlaube, mich zu lähmen und mein Handeln zu beeinträchtigen, sondern mich vielmehr öffne, um sie zu halten und zu ertragen, dann entwickelt sich seelische Stabilität, so wie Muskelkraft und Ausdauer sich durch Körpertraining entwickeln. Das heißt, ich kann mehr emotionale Energie «vertragen» und das Gehäuse wird stärker. Da auch weniger Widerstand mobilisiert wird, erlebt man das als Energiezuwachs. Aber dies ist ebenfalls eine Gefahr, vor der man sich hüten muß – *ich* liebe es nämlich, mich stark zu fühlen. Hier zeigt sich erneut, warum eine geistige Schulung wie der Zen-Weg so hilfreich ist. Immer wieder wird betont, wie wichtig das Sichverneigen, das Sichniederwerfen ist – der Thronverzicht, die Abdankung des Ich. Im Zustand emotionaler Erregung kann Sichverneigen äußerst hilfreich sein, weil in der körperlichen Bewegung zwar nicht unbedingt das Ich, aber der Rest von mir begreift und dadurch bereiter wird, sich zu fügen. Daraus entwickelt sich dann die notwendige Biegsamkeit, die immer mit der Kraft einhergehen muß.

Die Schwierigkeit besteht darin, daß *ich* das Sichverneigen und Sichfügen ausnahmslos mißverstehe. Vom Standpunkt des Ich aus gesehen, gebe ich einem Objekt nach, mit dem ich auf gleicher Stufe stehe. Da das Objekt aber anders ist als ich, heißt nachgeben für mich Verlust an Integrität. Doch der Zweck der Übung ist nicht, sich mit dem Objekt aufzuhalten, sondern ganz einfach zu lernen, sich zu fügen. Der Eigenwille, der als «Ich muß...» erfahren wird, soll sanft gezähmt werden. Die Religion hilft uns dabei, weil sie das Sichfügen auf eine «höhere Autorität» hinlenkt. Ob diese Autorität nun eher als anthropomorph oder als impersonales Gesetz verstanden wird – vor allem ist sie anders und «größer» als beide – sowohl Subjekt als auch Objekt. Ein gut Teil meines verständlichen Unbehagens im Hinblick auf das Sichverneigen verschwindet, wenn es einer Wirklichkeit gilt, die größer ist als ich und anders als das Objekt. Damit verliert das Objekt an Bedeutung. Ein solches Nachgeben beraubt mich nicht meiner Integrität, sondern steigert sie sogar noch. Es handelt sich immer um eine Wechselbeziehung, in der sowohl ich als auch die emotionale Energie eine Wandlung erfahren. Erinnern wir uns an das Bild vom Ich als Stachelball – jeder Stachel eine meiner gewohnten Reaktionen: «Ich möchte», «Ich muß», «Ich kann nicht», «Ich will nicht», «Ich hab recht». Diese Stacheln schmerzen den Ball – mich –, wie Dornen meinem Körper weh tun, da sie emotionale Energie anziehen und damit den Ball attackieren. Wird aber der Energie weder erlaubt, sich zu entladen (durch Schuldzuweisung an ein Objekt und entsprechendes Agieren), noch mein Handeln zu beeinträchtigen, dann ist inwendig nur ein Funkensprühen, ein Kochen dieser Energie. Ihre Wirkungsweise ist Bewegung. Infolgedessen wirkt sie in mir als Antriebskraft für das nützliche Werk, die Stacheln nach und nach abzuschleifen. Und da sie Lebensenergie ist, ist nur sie allein auch stark genug dazu.

Deshalb ist es so wichtig, «gefaßt» zu sein, sich nicht wie ein aufflammender Blitz zu entladen, sich aber auch nicht lähmen zu lassen und somit handlungsunfähig zu werden. Wenn sich die Energie dieser nützlichen Aufgabe widmet – und nur sie allein hat die Kraft dazu –, erschöpft sie ihr Potential in der Arbeit, die Stacheln abzuschleifen. Dabei ändern wir uns beide, sie und ich. Diese Wechselwirkung ist für eine gesunde Umwandlung wesentlich. Es geht um sehr viel mehr als um ein momentanes «Hoch», dem zwangsläufig alsbald ein entsprechendes «Tief» folgt.

Im Büffel-Gleichnis ist das die Wechselwirkung zwischen Mensch und Büffel, das Zähmen des Büffels. Der Büffel ist so schwer zu finden, weil er sich so ganz anders verhält, als man es erwarten würde. Er ist nicht irgendwo außerhalb, weder in den mündlichen Unterweisungen noch in den schriftlichen Aufzeichnungen, und auch mit mir hat er nichts zu tun – lediglich in den aufsteigenden emotionalen Reaktionen wird er sichtbar. Das ist wahrhaftig der letzte Ort, wo ich diesen großartigen Büffel erwartet hätte.

So also schaut der Anfang der Übungspraxis aus. Ein weiterer unerwarteter und besonders für ein starres Ich erschreckender Aspekt ist, daß es zu Beginn so aussieht, als würde ich noch emotionaler werden, keineswegs ein besserer Mensch – im Gegenteil. Ist das der Fall, dann wurde genügend «rechtes Bemühen» in die Übung investiert. Die Scheuklappen sind weg, und ich verschließe nicht länger die Augen vor den vielen kleinen Frustrationen und Ärgernissen, die auch zu meinem täglichen Leben gehören. In Wirklichkeit waren sie immer da, ich habe sie nur nicht wahrgenommen. Lediglich die unübersehbaren, größeren waren stark genug, mir ihren Zugriff bewußt zu machen und mich mit ihrer Kraft zu konfrontieren. Diese größeren bilden aber nicht unser Übungsfeld – sie sind zu gewaltig. Wir wollen uns mit den kleineren befassen. Sobald sie auftauchen und wir mit ihnen vertraut werden, sind sie die eigentlichen Helfer in unserer Übung. Unsere Aufgabe besteht nun darin, sie stehen zu lassen und zu erdulden.

Daher ist es so wichtig, sie überhaupt erst einmal wahrzunehmen. Ein Ich, das sich bestens gegen Emotionen gewappnet hat und sie gewohnheitsmäßig unterdrückt, ist vollkommen überzeugt, keine emotionalen Schwierigkeiten zu haben. Und folglich ist ein solches Ich recht hohl und leer, gewissermaßen nur halb lebendig. Oder ich bin zu einem zwanghaften Aktionisten geworden, den die Emotionen in ständiger Unruhe halten, wobei sie den Abbau an Spannung durch unentwegte Aktivität erzwingen. Ihre Kraft verleiht dann ganz trivialen Dingen höhere Weihen und erschafft sogar «neue Aufgaben», die an sich keinerlei Bedeutung haben, außer ihr Opfer noch weiter vom wirklichen Leben, seinen Tätigkeiten und Beziehungen sowie seiner Wärme zu entfernen.

Der erste Schritt heißt also, sich behutsam mit der

Praxis der Übung zu beschäftigen und ganz allmählich den emotionalen Haushalt aufzudecken. Nichts kann wirklich geschehen, ohne daß man die Sache zuerst wahrnimmt und dann mit ihr vertraut wird. Der Büffel muß erst entdeckt und gefangen werden, ehe er gezähmt und trainiert werden kann. Inzwischen dürfte klar geworden sein, wie kraftvoll und imposant er ist. Bevor wir uns daranmachen, ihn zu fangen und zu zähmen, erscheint es daher ratsam, uns Zeit für eine kurze Bestandsaufnahme zu nehmen, um zu sehen, wo wir tatsächlich stehen und ob wir uns auf hinreichend festem Grund befinden. Wenn wir hier ungenau sind, wird der Büffel ganz sicher mit uns durchgehen, sollten wir zufällig auf ihn treffen.

Emotionale Energie ist Lebenskraft, sie ist die ganze Kraft und Großartigkeit des Büffels – sogar in seinen wilden und primitiven Aspekten. Es ist besser, schon von vornherein ihm gegenüber keine feindliche Haltung einzunehmen, sondern ihm eher mit Ehrfurcht und «heiligem Erschauern» zu begegnen. Denn trotz seiner Wildheit ist er das, was wir suchen. Ist er einmal gefunden, ist diese positive Einstellung für die Arbeit des sanften und beharrlichen Zähmens außerordentlich wichtig.

Natürlich ist der Büffel stärker als ich. Natürlich ist er wild und nicht bereit, seine Launen und Gewohnheiten aufzugeben. Und wenn es mir mit dem Training ernst ist, steht mir ganz sicher eine beschwerliche Zeit ins Haus. Wenn ich Gewalt anwende, richtet er seine Kraft gegen mich und gewinnt jeden Kampf. So muß meine Haltung geprägt sein von beharrlicher Ausdauer, die ihn schließlich erschöpft. Ich muß mich immer wieder, so gut ich kann, an ihn hängen, auch wenn er mich am Boden schleift. Auf diese Weise lerne ich ihn kennen und er mich. Indem wir miteinander kämpfen, lernen wir, einander zu ertragen und zu verstehen. Wir ändern uns beide in diesem Prozeß.

Am Anfang ist es wichtig, sich nur mit den kleinen Aufregungen des Alltags zu befassen und zu lernen, sie willig zu erdulden, während man ruhig und sanft das Gebotene tut. Wenn wir aufrichtig sind, müssen wir zugeben, daß wir uns immer gern mehr aufladen, als wir über einen längeren Zeitraum hinweg tatsächlich tragen können. Ich bringe es vielleicht fertig, einen schweren Koffer auf die andere Straßenseite zu tragen, aber es ist mir bestimmt nicht möglich, ihn den ganzen Weg bis zum Bahnhof zu schleppen.

Gewöhnlich befassen wir uns nicht allzugern nur mit dem, was klein ist. Vielleicht ist es der Mühe wert, die Ursache dafür herauszufinden. Wir setzen klein mit mühsam und lästig gleich. Warum eigentlich? Und wer entscheidet, was klein und groß ist? Es ist etwas an dem Wort «groß», das uns irgendwie bewegt. Es erregt unser Interesse. Wir sprechen darauf an und haben das Gefühl, wir hätten teil daran. «Groß» ist ein Pol, zu dem emotionale Energie hinströmt. Von daher rührt der natürliche Drang zum Großen. Aber da ich verblendet und kurzsichtig bin (eines der drei Kennzeichen des Daseins), bin ich kein guter Richter. Haben wir uns je gefragt, nach welcher Richtschnur wir unsere *Ex-cathedra*-Urteile fällen und auf welchen Voraussetzungen diese beruhen? Meine hehren Maßstäbe werden «von unten» durch die Emotionen mit Energie versorgt. Und da ich diese nicht wahrnehme und/oder außerdem dafür sorge, daß das weiterhin so bleibt, sind meine Maßstäbe sehr selbstsüchtiger Natur.

Ein Zen-Meister erzählte von seinen Schülern, daß sie in regelmäßigen Abständen den Versuch unternähmen, sich ihm zuliebe besondere Mühe zu geben, um etwas wirklich «Großes und Gutes» selbstlos zu vollbringen. Er merkte die Anzeichen dafür gewöhnlich am weltenfernen Blick ihrer Augen und ihrer Vergeßlichkeit bei den alltäglichen Obliegenheiten. Gewöhnlich spitzte sich die Lage nach einiger Zeit zu, und wenn alle soweit waren, irgendwie darunter zu leiden, schlug er seinen Schülern vor, doch zum Normalzustand zurückzukehren und lediglich ihre üblichen Aufgaben so gut wie möglich zu verrichten. Nichts, sagte er, würde ihn mehr zufriedenstellen oder von größerem Nutzen für sie alle sein.

Dies ist ein Punkt, der verdient, daß wir ihn eingehender bedenken. Wenn ich *versuche*, zu selbstlos und zu gut zu sein, oder unbedingt etwas ganz Großes vollbringen will, verbirgt sich dahinter mehr Gier als in der normalen natürlichen Selbstbezogenheit, was zur Folge hat, daß ein solcher Versuch automatisch ins Gegenteil umschlägt. Die Sache geht also schief. Das alles ist uns nicht unbekannt. Aber von Zeit zu Zeit lassen wir uns dennoch von unseren Vorstellungen zu «Höhenflügen» hinreißen.

Ob uns das nun sympathisch ist oder nicht: Wir leben in einer bipolaren Welt. Alle Gegensätze sind in ihr enthalten – die «zehntausend Dinge», wie die Chinesen sagen. Und wir sind ein Teil dieser Welt. Je mehr wir uns einem ihrer Aspekte verweigern oder uns gegen ihn wehren, desto mehr Macht räumen wir ihm ein. Die ganze Welt wünscht sich Frieden – und die Gewalt nimmt zu. Ein großer Baum hat tiefe Wurzeln, und helles Licht wirft dunkle Schatten.

Also beugen wir uns den Tatsachen, machen weiter mit unserer Schulung und kommen zu dem Punkt, da es an uns ist, uns ernsthaft mit dem Büffel herumzuschlagen.

Warum bewegt die Idee von etwas Großem so viel in uns? Weil wir uns danach sehnen! Aber warum? Ist es nicht deshalb, weil wir im allgemeinen das Gefühl haben, unser Leben nicht voll und ganz zu leben?

Es muß ein Darüberhinaus, ein Größeres geben, das auf uns wartet und uns ruft. Gerade die Banalität unseres Alltags läßt uns sehnsüchtig nach dem großen Ereignis Ausschau halten, nach etwas, das groß genug ist, uns über uns selbst *hinauszuführen*. Denn wenn wir etwas Großem oder einem großen Problem plötzlich gegenüberstehen, reagieren wir nicht wie gewöhnlich. Das Große scheint die Gesamtheit unserer Person zu mobilisieren, und infolgedessen reagieren wir mit allem, was wir sind.

Diese ganzheitliche Reaktion und der volle Einsatz aller Kräfte ist das, was nun in unserer Schulung zum Tragen kommen muß. Es braucht viel Übung, bis man dazu fähig ist. Denn überraschenderweise hat der Einsatz aller Kräfte sowohl mit Furchtlosigkeit als auch mit Gehorsam zu tun. Es ist die Antwort auf die gegebene Situation. Eine solche Antwort ist an sich natürlich: Ein Kind reagiert vorbehaltlos und gibt sich ganz dem hin, was es gerade tut. Wenn die kleine Hand zufaßt, dann faßt sie ganz zu. Da ist kein Zögern, kein Überlegen, nichts wird zurückgehalten, nichts aufgespart. Einsatz aller Kräfte heißt: alles ist hineingegeben, nicht *ich* tue etwas, sondern ich gebe mich voll und ganz. Hier liegt die Bedeutung des Gehorsams. Das bringt uns wieder auf den Mittleren Weg. Nicht ich in meiner Selbstgewißheit versuche, den Einsatz aller Kräfte zuwege zu bringen. Das geht immer schief, denn gerade meine Absicht ist ja das Hindernis. Aber da ist auch kein impulsives Nachgeben und Sich-gehen-Lassen. Das Handeln geschieht aus einer Gesamtheit heraus, aber es ist nicht zweckgerichtet.

Das weiter oben bereits zitierte holländische Sprichwort verdeutlicht diese wechselseitige Wirkungsweise («Gott hilft dem Seemann, aber steuern muß er selbst»). Das wird von uns verlangt. In einem Notfall oder wenn irgend etwas Außerordentliches geschieht, kommt meine Antwort fast automatisch rückhaltlos und *aus ganzem Herzen*. Ich gehe aus mir heraus und gebe mich vollständig dem hin, was gerade getan werden muß. Ich verliere mich darin. Nun muß ich lernen, dasselbe bei vollem Gewahrsein zu tun. Es sieht so aus, als ob eine solche Handlungsweise «die andere Seite» aktiviert, die dann die Möglichkeit hat zu helfen, und das auch tut.

Und wenn nicht? Gut, man kann nur sein Bestes geben, rückhaltlos und aus ganzem Herzen, und ohne sich von der Aussicht auf ein Ergebnis bestimmen zu lassen. Manchmal gewinnt man, manchmal verliert man. Wichtig ist der *ganze* Einsatz. Das Überraschende ist, daß meine rückhaltlose Hingabe mir die Sache subjektiv groß und sinnvoll erscheinen läßt, selbst wenn meine Anstrengung nicht von Erfolg gekrönt ist. Ich habe diesen Augenblick voll und ganz gelebt, und damit hat er Bedeutung. Es ist wie beim Sport: Es war ein faires, gutes Spiel – ob ich nun gewonnen habe oder nicht.

Wenn ich etwas als klein beurteile, reagiere ich entsprechend – nämlich halbherzig, ich bin nur halb bei der Sache. Meine Antwort ist schwerfällig und zögernd, denn es geht ja um nichts Bedeutendes. Wenn ich meistens so reagiere, wird mein Leben zunehmend sinnentleert und flach und bewegt sich schließlich nur noch im Bereich des Banalen. Ich sehne mich nach einem großen Ereignis, auf das ich heldenmütig antworten könnte und das mich, das Nichts, zu etwas machen würde. Aber das ist der Irrtum des Ich.

Könnte ich nur mein Urteilen unterlassen und rückhaltlos umfassen, was kommt, mit Leib und Seele auf alles antworten – und genau das lehrt mich die «Übung des Annehmens im Alltag» –, dann würde meine Sehnsucht nach dem großen Ereignis langsam verblassen. Das wahrhaft Große liegt in der vollen Hingabe, im Tun und Streben. Wird das Leben voll und ganz gelebt, entsteht ein Gefühl von Vitalität und Lebendigkeit, von Lust und Freude. Ganzheitlich gelebtes Leben hat Sinn und Bedeutung. Es ist bis zum Rand voll von Staunen über das, was ist, und voll Ehrfurcht vor dem Geheimnis, dem das Herz als seiner wahren Heimat immer zugeneigt ist. So ist «rechtes Bemühen» Selbstvergessen. Das ist schwer zu verwirklichen, und wenn wir dem näherkommen, begegnen wir der Angst.

Wir haben bereits gesehen, daß das Wesen des Ich Angst ist. Wenn wir nun erstmals dieser nackten Angst begegnen, so ist das ein sehr schwieriges Stadium in der Schulung. Es scheint mir höchst gefährlich, mich rückhaltlos einzubringen, um so mehr als dieses Geschehen nicht mehr meiner Kontrolle unterliegt, sondern ein Selbstvergessen ohne Wahrnehmungsverlust ist – das Gegenteil einer impulsiven Reaktion also. Die Angst rührt daher, daß *ich* keine Rolle spiele, also gar nicht mehr da bin: *Ich*, der ich immer darauf aus bin zu tun, zu handeln, die Dinge nach meinem Dafürhalten zurechtzubiegen, zu planen und darüber hinaus stets die Oberaufsicht zu behalten. Es gibt also durchaus Grund für diese Angst, und es ist ratsam, ihr nicht leichtfertig und ohne entsprechende Vorbereitung nahezukommen. Ich habe Angst, mich selbst zu verlieren.

In diesem Stadium ist es die Angst vor dem Ich-Verlust, und das verleiht ihr den besonderen Beigeschmack von panischem Schrecken und Widerstreben. Diese Angst ist durchaus in der Lage, den erforderlichen Einsatz aller Kräfte zu verhindern, und muß das auch, wenn die Schulung zu Anfang nicht gründlich und sorgfältig genug war. Auch hier ist die Geste der Hingabe, das Sichverneigen, außerordentlich hilfreich. Denn nur *ich* kann Angst haben.

In dem Maße, wie mein Leben langsam sinnvoller wird und das Vertrauen sich nach und nach entwickelt, verliere ich ganz allmählich meine Bedeutsamkeit. Im gleichen Maße kann auch die Wurzel der Angst gefahrlos angegangen werden. Es scheint, als ob ich Angst vor der Angst hätte und deshalb Objekten hinterherrenne, die mich von ihr ablenken sollen. Wenn ich in der Schulung lerne, mich zu fügen, und der Büffel sanfter und zahmer wird, scheint diese Angst mir direkt auf die Pelle zu rücken. In Wirklichkeit war sie immer da, aber ich habe sie vor mir versteckt, ja sie mit ganzen Schichten von Objekten zugedeckt. Wenn ich mich im Laufe der Übung nach und nach von der Verhaftung an die Objekte löse, wird der Schleier durchsichtiger – bis ich, jetzt geschmeidiger geworden, die Nähe der Angst ertragen und ihr schließlich ins Gesicht sehen kann. In diesem Augenblick verschwinden wir beide, ich und die Angst. Ein grundlegender Umschlag hat stattgefunden, und zurück bleibt reines Gewahrsein.

Die Übung im Alltag ist nicht leicht. Wenn man es nicht – zumindest einige Wochen lang – ernsthaft damit versucht und so konkrete Erfahrungen sammelt, bezieht sich das Annehmen unweigerlich auf das Objekt, was heißt: *Ich* nehme die Dinge in die Hand, *ich* weiß, wie es geht, und möchte das Hindernis überwinden. Aber wirkliches Ja-Sagen und Annehmen bezieht sich nicht auf das Objekt, sondern muß auf meine emotionale Reaktion ausgerichtet sein. Was mich emotional reagieren läßt, das Objekt, ist nicht «mein», es ist meinem Einfluß entzogen. Aber solange es ein Ich gibt, kann ich nicht anders, ich muß reagieren – das bedeutet: aufs «Rad des Daseins» gebunden sein.

Zweifellos *meine* Sache ist jedoch meine Reaktion, und daran kann ich unter Einsatz aller Kräfte arbeiten. Wann immer man von einer solchen Reaktion heimgesucht wird, nimmt man diesen «Schlag» hin, erträgt ihn stumm und bereitwillig, aber in vollem Gewahrsein. Man verweigert sich dem Leiden nicht und verschließt auch nicht die Augen davor.

Nach buddhistischer Lehre scheine ich, wir alle, auf das «Rad des Daseins» gebunden zu sein. Wohl oder übel pendeln wir zwischen den Sechs Bereichen hin und her, leiden hilflos und ohne Aussicht auf Linderung. Dabei halten wir unsere Augen geschlossen und versuchen, an der Realität vorbeizuschauen, nicht zu sehen: Das ist *Samsāra*, die Welt des Leidens und der Unzufriedenheit. Wir versuchen, so gut wir können, sie nicht wahrzuhaben, mühen uns endlos ab und halten so den sich ewig selbsterneuernden Prozeß in Gang.

Buddha, der Erwachte, hat gesagt: «Leiden lehre ich und den Weg aus dem Leiden heraus.» Dieser Aus-Weg kann nicht gefunden werden, wenn ich vor dem Leiden fliehe oder mich dagegen wehre. Wie wir wissen, stellte sich der Buddha dem Leiden und den Problemen, die ihm begegneten. Und indem er sie durchlitt, überwand er sie.

Seinen Fußstapfen zu folgen heißt nicht, ihn zu imitieren, sondern uns unseren eigenen Problemen, dem Ansturm *unserer* Emotionen, so mutig und willig zu stellen, wie er das tat – mit offenen Augen. Zuerst müssen wir sie wahrnehmen, und während wir sie spüren und erleiden, lernen wir von ihnen. So gehen wir mitten durch das Meer des Leidens – vielleicht ist das die tiefgründigste Bedeutung des «Mittleren Weges». Wenn alles ausgelitten ist, endet auch das Leiden. Das heißt auf der anderen Seite, am anderen Ufer auftauchen – Nirvāna.

Bereitwilliges Ausleiden, sich nicht sträuben, sich nicht abwenden, in «demütigem» Gehorsam – das ist die Schwierigkeit. Es handelt sich hier um ein sehr empfindliches Gleichgewicht, das durch das Ich leicht gestört werden kann. Und wieder zeigt uns der Buddha, wie Irrwege zu vermeiden sind: weder zuviel Askese, die immer ein wenig nach Ichsucht schmeckt, noch zuviel Nachgiebigkeit. Auch das ist der Mittlere Weg.

Wir haben in unserer eigenen kulturellen und religiösen Tradition ein gewaltiges Symbol für dies sehende, willige Leiden: Christus am Kreuz mit ausgebreiteten Armen, offen, völlig wehrlos, ganz und gar verwundbar, die Galle, der Schmerz, die Schande und schließlich die Lanze, die das Herz durchbohrt. Haben wir je einen Gedanken daran verschwendet, was uns damit wirklich gesagt wird? Es heißt, daß er es für uns tat, um uns den Weg zu zeigen, den Weg in der Haltung des demütigen Durchleidens. Das Herz muß brechen. Die harte Kruste des Ich, die das weiche Herz eisern umschlossen hält, muß aufbrechen. Erst dann ist das Herz befreit. Und nach dem Abstieg in die untersten ichlosen Regionen erscheint es wieder wie von den Toten auferstanden. Mit Worten läßt sich das nicht ausdrücken. Es ist ein Mysterium, für das es keine Erklärung gibt, nur die Erfahrung aus erster Hand.

Diese sanfte, passive Haltung, ohne Widerstand, nichts zurückweisend, willig und offen, diese Haltung wird in der Schulung verlangt, zugleich aber auch durch sie ermöglicht, genährt und gefördert – bis sie reif ist. *Ich* habe damit nichts zu tun, *meine* Rolle ist gänzlich passiv. Gleichzeitig habe ich aber auch einen aktiven Part, der genauso wichtig ist und ohne den nichts geschehen kann. Das demütige Ausleiden ist die eine Seite der Medaille und kann allein noch keine echte Umwandlung bewirken. Meine aktive Rolle besteht darin, die alltäglichen Aufgaben sanft, zügig und reibungslos zu verrichten und darin ohne Unterbrechung fortzufahren, nicht aufzuhören, weil ich jetzt gerade leide, sondern weiterzumachen, auch wenn ich symbolisch gesprochen am Kreuz hänge. Dieses zwiefache Geschehen ist von allergrößter Bedeutung und bei der «Schmiedearbeit» der Umwandlung als Hammer und Amboß wirksam. Es wird auch gesagt, daß unser persönliches Kreuz der genau passende Maßanzug für uns sei. Wenn ich mir aus Willkür oder Übereifer mehr aufladen will, gefährde ich die Balance. Denn das wäre wieder, «was ich mag, was mir paßt». Selbst meine besten Absichten sind das, was ich will. Und darin ist schon wieder die Weigerung enthalten, die Dinge so zu nehmen, wie sie kommen.

Eine Zen-Geschichte mag dies verdeutlichen: Ein Mann hängt über einer steilen Klippe, mit einer Hand nur noch eine dicke Wurzel umklammernd. Der andere Arm und beide Füße baumeln über dem Abgrund. Kann er seine Hand öffnen und loslassen? Kann er sich fallen lassen? Genau diese Aufforderung ergeht an uns in der Schulung.

Der Zen-Weg ist nicht etwas willkürlich Konstruiertes. Er folgt vielmehr den von der Natur vorgegebenen Linien. Denn auch das Leben läßt uns an dieser Klippe zappeln – dann, wenn wir mit jeder Faser fühlen, daß dies einzig und allein das ist, was wir unbedingt wollen und wünschen, und nichts mehr sonst wirklich wichtig ist. Gibt uns das nicht einen weiteren Hinweis darauf, warum wir so sehr am «Großen» hängen? Wenn all unsere kleinen Hoffnungen, Wünsche und Begierden belanglos erscheinen und nur eine einzige Sache zählt? Das ist dann die starke Wurzel, an die wir uns klammern, und sie bedeutet uns mehr als unser Leben. Viele Leben wurden bereitwillig geopfert, um an dieser Wurzel festzuhalten. Und das ist auch nicht falsch, aber klares Sehen bedeutet noch mehr.

Ja, das Leben läßt uns etliche Male an dieser Klippe hängen, aber wir können nicht sehen, daß es nur darauf ankommt, die Wurzel loszulassen – ganz abgesehen davon, daß ich gar nicht die Kraft habe, die Hand zu öffnen und loszulassen. In gewisser Hinsicht könnte man sagen, daß das Eine, das mir wichtiger ist als ich mir selbst, daß dieses überwältigende Sehnen und/oder diese Angst genau das ist, was ich loslassen muß, wenn ich das HERZ finden will.

Indem die Zen-Schulung die kleinen Dinge, an die wir uns hängen, nach und nach abschneidet oder, genauer gesagt, sie wie viele einzelne Fäden zu einem dicken Seil zusammenzwirnt, hängt sie uns auf diese prekäre Weise an die Klippe. Dasselbe tut das Leben, es gibt uns sozusagen eine Chance. Aber der Zen-Weg öffnet uns darüber hinaus die Augen, so daß wir sehen können und auch den Mut haben zu sehen, wo wir uns befinden, begreifen, was jetzt zu tun ist, und die Kraft finden, es auszuführen.

Wir selbst allerdings müssen die verzweifelt festhaltende Hand öffnen und wirklich loslassen. Kein Weg kann das für uns tun. Nur wir selbst können die Faust öffnen – und fallen, fallen in die absolute Tiefe. In den Worten des Büffel-Gleichnisses heißt das: «Der Mensch ist verschwunden.» Er ist «in den Ursprung, zurück zur Quelle» gefallen. Von dort taucht er wieder auf und kommt «zurück zum Marktplatz mit Seligkeit spendenden Händen».

Das war der Große Tod, und nun ist da nichts mehr als LEBEN. Dieses Leben ist sich seiner selbst bewußt geworden, ist erwacht und sieht jetzt klar und deutlich mit dem «einen Auge» die vielfältigen Formen des Lebens: wie es im Dunkel kämpft und leidet, die vorgegebenen Muster erfüllt, sich selbst gestaltend als Schuß und Kette im Webstuhl des Werdens und Vergehens: Formation, Transformation – das Streben nach Licht, nach Wahrnehmung, heraus aus der anfänglichen Dunkelheit.

In einem Erwachten ist diese Weisheit/Erkenntnis, diese Einsicht die andere Seite der Wärme, die sich aus dem befreiten Herzen als LIEBE verströmt. Alles, was Herz und Hände eines solchen Menschen berühren, wird mit Leben erfüllt. Alle Blumen wenden sich der Sonne zu.

Das ist die «Übung im Alltag» oder die «Übung des Annehmens». Es ist eine Haltung helfender Dienstbereitschaft und natürlicher Rücksicht allem Seienden gegenüber, ein langsamer Prozeß des Reifens, des Ganzwerdens. Und obwohl nichts Dramatisches dabei ist, bringt er doch die Mühen und Geburtswehen mit sich, die mit allem «Werden» einhergehen. So bewirkt er die wahre, nicht mehr umkehrbare Transformation im Schüler. Man kann nicht oft genug betonen, daß diese Übung immer wieder spontan und freiwillig auf sich genommen und durchlebt werden muß, mit ganzer Zustimmung und dem Einsatz aller Kräfte, in vollem Gewahrsein und bewußt mitwirkend. Wenn man sie mehr oder minder unbeteiligt nur der äußeren Form nach und eher mechanisch absolviert, führt das zu gar nichts. Wenn man sich jedoch in der rechten Weise hineinbegibt, führt diese Übung zur Befreiung des Herzens, zu einer Umformung der gesamten Persönlichkeit und damit zur Freisetzung der Wärme des Herzens.

Zazen, «Meditation im Sitzen», ist die andere Seite der Übung im Alltag oder des Annehmens. Ohne die eine bleibt die andere unfruchtbar. Die Übung im Alltag ist dem einen Bein vergleichbar, mit dem man den Zen-Weg beschreitet, das andere Bein ist Zazen – und gehen kann man nun mal nur mit zwei Beinen. Daher ist es ein Irrtum, zu glauben oder zu hoffen,

Zazen allein, ohne die Übung im Alltag, reiche aus, um die innere Umwandlung zu bewirken und uns von Schwierigkeiten, Problemen und Widerständen zu befreien. Wenn man versucht, in die Meditation zu flüchten, weil man der schwierigen Aufgabe entgehen will, den Büffel der eigenen Emotionalität zu zähmen, bleibt der wilde, mit dem Ich verknüpfte Aspekt des Herzens bestenfalls ungenutzt. Aber er kann auch gefährlich werden. All das ist menschlich, und solche Fluchtversuche haben die Zen-Schule seit ihren frühesten Anfängen begleitet.

Schon Hui-neng warnt vor bloßem ruhigem Sitzen, und einige Generationen nach ihm entstand folgende klassische kleine Erzählung, die dasselbe Thema zum Inhalt hat: Ein sehr gewissenhafter junger Mönch nutzte jeden freien Augenblick für Zazen. Sein Meister bemerkte seinen aufrichtigen und andauernden Eifer und wollte ihm helfen. Eines Tages, als der Mönch in einer Ecke des Hofes «Zen saß», nahm der Meister einen Ziegelstein, setzte sich neben ihn und rieb und polierte den Ziegel unablässig mit der Handfläche. Dann fragte er den Mönch: «Was machst du da?» – «Ich versuche, ein Buddha zu werden», war die hoffnungsvolle Antwort. Als er bemerkte, wie der Meister sich mit dem Ziegelstein abmühte, fragte er: «Aber Meister, was macht Ihr denn da?» – «Ich stelle einen Spiegel her», erwiderte der Meister. «Aber kein noch so ausdauerndes Polieren kann aus einem Ziegelstein einen Spiegel machen», rief der Mönch verwundert aus. «Und kein noch so ausdauerndes Sitzen kann aus einem Trottel einen Buddha machen», versetzte der Meister.

Wahrhaftig, der Trottel, der ich bin, kann nur durch

die Übung im Alltag umgeformt, transformiert werden. Warum dann Zazen? Zazen macht das Auge hell und klar. Durch Zazen lernen wir, klar und deutlich zu sehen, gewinnen die authentische Einsicht, von der Meister Rinzai sagte, daß sie das einzige ist, was der Zen-Schüler braucht. Aber ohne die Übung im Alltag, ohne daß man die eigenen emotionalen Reaktionen annimmt und durchleidet, verfehlt Zazen sein Ziel. Die beiden Seiten ergänzen und unterstützen einander. Was in der einen Übung erarbeitet wird, macht die andere klar und einsichtig. Daher entspringt authentische Einsicht immer rückwirkend aus der Erfahrung.

Wird ein Mensch, dessen Büffel gänzlich ungezähmt und dessen Ich verwöhnt und anspruchsvoll ist, plötzlich eingesperrt, also von allen Verbindungen zur Außenwelt abgeschnitten und von allen gewohnten Zerstreuungen und Ablenkungen isoliert, dann beginnt der «innere Film» abzulaufen, denn die Natur duldet kein Vakuum. Es kommt zu Visionen und Halluzinationen, sogenannten Deprivationserscheinungen, wie entsprechende Versuche in den USA gezeigt haben. Die Probanden lagen dabei in dunklen, schalldichten Räumen in einer Flüssigkeit mit Körpertemperatur, um alle Berührungsreize zu vermeiden. Auch Menschen, die sich für längere Zeit allein auf hohe See wagten, bestätigten, daß sie nicht mit Sturm und Unwetter die größten Schwierigkeiten hatten – denn da gibt es immer etwas zu tun, und die Reaktionen sind nach außen gerichtet –, sondern mit den langen ruhigen Zeitabschnitten. Die machten ihnen wirklich Angst, weil nichts passierte und nichts zu tun war, und nichts geschah, was in irgendeiner Weise eine Reaktion erfordert hätte. Dann gewinnt der innere Film die Oberhand, und die Wirklichkeit wird dünn und durchsichtig. Ein Mensch kann davon regelrecht verschlungen werden.

Ich bin ungeduldig und nur allzubereit, hitzköpfig hinter allem herzurennen, was mir Erfüllung meiner Wünsche verspricht. Aber hitzköpfig sein, heißt blind sein. Zazen ist ein lebendiger Prozeß und keine seelenlose mechanische Methode. Schon gar nicht eine Art Deus ex machina, nicht einmal ein hoffnungsvoller Versuch, mich selbst auszulöschen und so auf wunderbare Weise ans andere Ufer getragen zu werden – frei von Leiden und Problemen. Ich lasse mich gern von der Hoffnung auf solch wunderbare Ereignisse in ein Traumland entführen und nehme den inneren Film nur allzuleicht als «Frucht des Zazen». Der Fehler könnte nicht größer sein. Wie ein Zen-Meister kürzlich im Hinblick auf die innere Wunderwelt sagte: «Selbst wenn Buddha persönlich dir auf einem weißen Elefanten entgegengeritten käme, wärst du tausend Meilen vom richtigen Weg entfernt.»

Zazen ist auch kein sicheres Eiland, wo man den Versuchungen und Unannehmlichkeiten des Alltags entgehen könnte. Das wäre grober Mißbrauch, der rückwärts statt vorwärts führt, weil wir dann versuchen würden, vor der Wirklichkeit zu fliehen. Meister Hakuin sagt von dieser leeren Leere, sie sei «Sitzen in einer Höhle, die mit dem Schlamm der eigenen, fiktiven Errungenschaften angefüllt ist».

Wir im Westen haben unsere eigene spirituelle Tradition verloren. So tun wir gut daran, unsere völlige Ignoranz zuzugeben und uns der Meditation, und zwar all ihren Formen, mit Umsicht und Achtsamkeit zu nähern, zumindest aber in echter Ehrfurcht. Das wäre die rechte Haltung, um mit Meditation zu beginnen.

Man kann Zazen nicht «erklären». Das Begreifen kommt mit der Praxis und durch die Erfahrung im Tun. Genau das heißt Erfahrung – nicht die «Erfahrung», die irrtümlicherweise mit einem emotionalen «Hoch» gleichgesetzt wird. Gerade dieses Mißverständnis hat zu der völlig falschen Gleichsetzung von «Erfahrung» mit einem psychedelischen, drogeninduzierten oder sonstigem «High-Sein» geführt. Tatsächlich ist genau das Gegenteil der Fall.

Man kann Zen-Erfahrung eher im Sinn des Vertrautwerdens verstehen und des Erlangens von Geschicklichkeit im Umgang mit einer Sache wie zum Beispiel Maschineschreiben oder Kochen. Für einen Anfänger mag es schwierig sein, den Anweisungen eines Kochbuchs für Fortgeschrittene zu folgen, weil ihm manche Begriffe und Formulierungen nicht vertraut sind – etwa «bei mäßiger Hitze gar werden lassen».

Zazen-Anweisungen sind in dieser Hinsicht Kochrezepten vergleichbar. Als Leitfaden wollen sie dem Meditierenden Hinweise geben, ihn an Wesentliches erinnern und ihm helfen, mit der Übung weiterzumachen. Für den Anfänger sind sie kaum von Nutzen, weil ihm zu vieles noch unbekannt ist.

Auch Integralrechnung hat nichts mit Zauberei zu tun, und ein Kind, das gerade das Einmaleins lernt, ist potentiell in der Lage, sie zu verstehen. Aber im Moment reichen Erfahrung und Kenntnis auf mathematischem Gebiet dafür noch nicht aus. Folglich schwirrt dem Kind nur der Kopf, wenn es die Erklärungen zu begreifen versucht, und es kommt zu dem

Schluß, daß Integralrechnung sehr schwierig ist und jenseits seiner intellektuellen Möglichkeiten. Wenn es aber weiterhin fleißig am Unterricht teilnimmt, wird ihm eines Tages alles ganz natürlich klargeworden sein.

Dasselbe gilt für Zazen oder sonst eine Meditationsübung. Wichtig ist die Praxis, und danach sieht die Sache ganz anders aus, als ich dachte, hoffte oder mir ausmalte. Hier liegt eine der vielen Anfangsschwierigkeiten. Denn wenn sich herausstellt, daß die Schulung anders ist als das, was ich mir törichterweise vorgestellt habe, interessiert sie mich vielleicht nicht mehr und ich gebe auf. Daher sind – wie schon die Überlieferung betont – die «Wurzel des Glaubens» zusammen mit der «Wurzel des Zweifels» und der unbeugsame, schier grimmige «Mut» so wesentlich für Beginn und Durchführung dieser Schulung.

Man kann Meditieren nicht im direkten Zugriff lernen; denn das, was lernen will, steht im Weg. Nur die indirekte Annäherung führt zum Ziel. Wichtig ist dabei eine Sitzhaltung, die Körper und Geist zur Ruhe kommen läßt. Zunächst breitet man ein großes flaches Kissen (oder eine Matte) als Unterlage auf dem Boden aus. Darauf legt man ein kleineres Kissen, auf dem man sich niederläßt, und zwar in einer Art Schneidersitz, die Knie fest auf der flachen Unterlage ruhend. Dieses «Dreieck» gibt einem den erforderlichen festen Halt, denn wenn der Körper nicht stabil ist, schwankt auch der Geist. Über diesem Basisdreieck erhebt sich ein weiteres Dreieck, bestehend aus Schultern und Wirbelsäule, so daß das Knochengerüst sich selbst ohne Muskelanspannung trägt. Der Rücken beschreibt dabei ein leichtes Hohlkreuz. Der

Kopf wird aufrecht ausbalanciert. Vorn liegen Nase und Nabel, seitlich Ohren, Schultern und Hüften jeweils auf einer senkrechten Geraden.

Kopfweh ist das Ergebnis einer fehlerhaften Haltung. Wenn der Körper zusammensackt oder der Kopf nach vorn hängt, übt das einen Zug auf Schulter- und Nackenmuskulatur aus und läßt sie verkrampfen. Ist eine stabile Haltung erreicht, ist das die beste Voraussetzung, um das Herz zur Ruhe zu bringen. Die Übung der Sammlung besteht darin, die Atemzüge in ihrem natürlichen Rhythmus zu zählen. Man zählt von eins bis zehn, und zwar nur beim Ausatmen. Kommen störende Gedanken, beginnt man wieder mit eins, ohne sich beirren zu lassen oder sich zu fragen, bei welcher Zahl man inzwischen angelangt ist. Die Atmung wird nicht forciert, und die Betonung liegt mehr auf dem Zählen als auf dem Atmen.

Es ist wichtig, von Anfang an so hingebungsvoll zu zählen wie nur irgend möglich. Aber es muß die «rechte» Bemühung sein. Nicht in dem Sinn: «*Ich* sitze jetzt, *ich* zähle, *ich* konzentriere mich», sondern ein völliges Aufgehen im Zählen, ein Sich-darin-Verlieren. Am ehesten läßt es sich so beschreiben: ein inneres mit der Zahl Zusammenkommen und mit ihr Verschmelzen.

Die Augen sind leicht geöffnet, was Wachsamkeit und Achtsamkeit fördert und das Abspulen des inneren Films wirksam verhindert. Die Hände ruhen im Schoß, wobei sich entweder die Daumen leicht berühren oder die Hände einander umfassen. Letzteres ist für den Anfänger leichter. Hände oder Arme sollten hinreichend abgestützt sein. Hängende Arme ziehen die Schultern nach vorn, was durch die ständige Muskelanspannung unweigerlich Rückenschmerzen zur Folge hat. Einem Anfänger stellen sich viele Fragen, wie alles richtig zu machen sei. Aber das wenige, das wirklich wichtig ist, läßt sich leicht merken. Dazu gehört, daß die Hände sich kräftig umfassen oder die Daumen gut verstrebt sind. Das sorgt für den erforderlichen Muskeltonus und für Wachsamkeit. Verschwommene Geisteszustände oder Tagträume sind nicht Zazen.

Ein japanisches Sprichwort sagt: «Besser als Lernen ist Gewöhnung.» Was nur im Kopf verstanden wird, hat keinen Einfluß auf die Praxis. Ausdauer und Sich-daran-Gewöhnen beantworten die meisten Fragen. Trotzdem sind gelegentliche Überprüfungen ratsam, denn es können sich, von einem selbst ganz unbemerkt, hinderliche Gewohnheiten einschleichen. Haben sie sich erst einmal eingenistet, ist es äußerst schwierig, sie wieder loszuwerden. So ist es wichtig, am Anfang besonders sorgfältig vorzugehen. Hoffe nicht, dich einem anvisierten Ziel im Eiltempo nähern zu können.

Im Laufe der Zen-Schulung tauchen immer wieder Hindernisse auf, die durchgearbeitet werden müssen. Eines der ersten, die sich erfahrungsgemäß einstellen, ist: Das bloße Zählen wird bald langweilig, und der Büffel verlangt nach grüneren Weiden, um sich daselbst zu ergötzen. «Warum denn so etwas, das ist doch lächerlich. Natürlich kann ich zählen. Eine stumpfsinnige Übung für minderbegabte Menschen, aber ganz sicher nicht für mich. Ich kann Besseres tun. Schließlich bin ich nicht mehr im Kindergarten. Warum bekomme ich kein richtiges Meditationsthema? Wie gut könnte ich damit arbeiten und was für Fortschritte würde ich machen, anstatt mich hier mit nervtötendem Zählen zu langweilen, das viel eher geeignet ist, mich zu einem Automaten zu machen.» Und so taucht ernsthafter Zweifel auf: «Ist das überhaupt das Richtige für mich?»

Das zieht echte innere Kämpfe nach sich, und wenn nicht schon Erfahrungen mit der Übung im Alltag für eine Extraportion Kraft und tieferes Verstehen gesorgt haben, kann es leicht passieren, daß man bei dieser Hürde resigniert – sei es, daß man sich auf die Suche nach einer «besseren» Methode, nach einem «besseren» Lehrer macht, sei es, daß man ganz aufgibt.

Die Übung im Alltag und die Zen-Meditation sind vielfältig miteinander verwoben und ergänzen einander. Die eine kann ohne die andere nicht zu klarer Einsicht führen, nur zu größerer Verwirrung.

Wenn man jedoch unbeirrt weitermacht und geduldig vorwärtsstrebt, wird diese Hürde überwunden. In der Zen-Schulung ist es am besten, im Zusammenhang mit Hindernissen an *Durchleiden*, nicht an Überwinden oder Bezwingen zu denken. Und weitere Schwierigkeiten stehen dem Schüler bevor, die nacheinander oder auch gebündelt auftauchen können. Hat man seinen Widerstand gegen die Langeweile beim Zählen ausgestanden, folgt nun eine Phase geringerer Spannung, in der sich entweder Schläfrigkeit breitmacht oder eine Art innerer Rückzug erfolgt, der in den alten Texten als leere Leere bezeichnet wird. Kurz gesagt, die Achtsamkeit fällt ab. Die Kraft, mit diesen Hindernissen fertig zu werden, erwächst aus der Übung im Alltag. Sie hilft, geduldig auszuharren und auch in Situationen, die mir nicht gefallen, sanft und reibungslos das Gebotene zu tun. So können auch diese Schwierigkeiten, zumindest in einem gewissen Umfang, durchgearbeitet werden. Wesentlich ist die Balance. Denn wenn sich das Durchleiden der Hindernisse, aus welchen Gründen auch immer, als übermäßig schwierig erweist, liegt die Ursache in der Übung im Alltag und muß auch von dort her behoben werden. Es kann nicht nachdrücklich genug betont werden, daß Meditation allein ohne den Rahmen der alltäglichen Übung zu keinem Ergebnis führt.

Wenn die Balance in der Praxis gehalten werden kann und Zazen als Teil dieser umfassenden Übung im Alltag gesehen wird, nicht als etwas Getrenntes, Besonderes, kann es zu Augenblicken kommen, da man plötzlich aus dem gegenwärtigen Zustand herausfällt und die Zahl verloren hat; aber nicht weil man müde oder unaufmerksam war, sondern einfach durch ein Zunichtewerden in der Tiefe. Das ist an sich ohne Interesse, denn ich nehme das nicht wahr, kann es gar nicht wahrnehmen. Wenn man aber wieder daraus auftaucht, ist man – zuerst nur für den Bruchteil einer Sekunde – ohne die übliche Ich-Verzerrung, das heißt, man sieht klar, man sieht «die Wirklichkeit». Natürlich kann das nicht andauern, denn sehr bald bin ich mir wieder meiner selbst bewußt geworden. Und diesen Zustand aufrechterhalten wollen oder darüber nachdenken vertreibt ihn erst recht. Das beste ist, unbeirrt mit der Übung fortzufahren. So können solche Momente verlängert und vertieft werden, bis man sich schließlich mehr und mehr an sie gewöhnt. Dieses stille Gewahrsein, wo beim Auftauchen aus der Tiefe der Spiegel rein gewischt ist, ist wirkliche Meditation. Sie braucht lange Übung und ist die Abwesenheit des Ich, das ich kenne.

In dieser wahren Meditation können auch Probleme

ohne Ich-Verzerrung angeschaut werden. Im klaren Sehen stellen sich ganz von selbst Lösungen ein, die dann im Alltag in die Praxis umgesetzt werden wollen. Wenn man schließlich mit diesem Zustand wirklich eins geworden ist, hält er nicht nur auf dem Sitzkissen an. Er wird zu einer Haltung, die all unser Tun und Handeln prägt, bis sie zur ganz normalen Grundlage unseres Lebens geworden ist.

Ein nützliches Experiment in diesem Zusammenhang ist die Beobachtung des Einschlafprozesses. Ist man geübt darin, kann man die einzelnen Phasen unterscheiden. Wir kennen alle den plötzlichen Ruck, wenn wir zu schnell «aussteigen», weil wir noch zu stark sind, um «loszulassen». Normalerweise ist da ein gleitender Übergang, und im Augenblick des Einschlafens öffnet sich eine weite, warme sichere Welt, intim und nahe, in die wir glücklich eintauchen – Heimat, Urgrund. Das geschieht jede Nacht. Wir brauchen dieses Heimkommen, um zu entspannen und aufzutanken, um aus dem Tageskleid des Ich zu schlüpfen und uns an der Quelle zu laben.

Wenn dem Ich zuviel Bedeutung beigemessen wird, geraten wir in einen Zustand der Erschöpfung und des Überdrehtseins, haben uns also zu weit von der «Heimat» entfernt. Wir leiden unter Schlaflosigkeit. Aber anstatt unser Augenmerk auf die Wiederherstellung des inneren Gleichgewichts zu richten, schlucken wir Schlaftabletten, um abzuschalten. Denn um leben zu können, brauchen wir Ruhe vom Ich.

Keine Darstellung des Zen-Wegs wäre vollständig ohne die Erwähnung des Todes. Wenn wir lernen, voll und ganz zu leben, lernen wir auch, voll und ganz zu sterben. Auf dem Zen-Weg verliere ich die Angst vor dem Erlöschen. In der Meditation gewöhnen wir uns «durch häufige Besuche» an den ichlosen Ort, und zwar nicht nur im Schlaf, wo er uns allen bekannt ist, sondern auch im Wachbewußtsein. Auch der Tod führt uns zu diesem ichlosen Ort, der als Erfüllung erlebt wird, wenn wir bei vollem Gewahrsein in ihn eintreten. Der verlorene Sohn ist heimgekehrt.

In der Übung des Annehmens im Alltag haben wir gelernt, alles zu akzeptieren, wie es kommt, und alles für die Übung zu nutzen. Am Guten, Angenehmen freut man sich dankbar, solange es währt, und klammert sich nicht daran, wenn es wieder geht. Anstatt das Schwierige abzulehnen und sich dagegen zu wehren, wird es als gute Übungsmöglichkeit dankbar umfangen und genutzt. Nichts wird ausgeschlagen. Alles ist Quelle des Lebens und Lernens. So werde ich zunehmend weicher und geschmeidiger. Der Weg nach Hause ist klar erkennbar. Jetzt trägt der Büffel den Hirten. Kein ungelebter Teil des Lebens türmt sich auf als Angst und Bedrohung.

Die Winde der Leidenschaft peitschen die ruhige Oberfläche des lebendigen, atmenden Ozeans auf zu schaumgekrönten Wellen. Die einzelne Welle ist flüchtig und kurzlebig, von der nachfolgenden Welle verdrängt, ihrerseits die Welle vor sich bedrängend, dazu eingeengt und behindert von den Wellen rechts und links. Wäre solch eine einzelne Welle sich ihrer selbst bewußt, und würde sie erkennen, daß sie in Kürze untergehen muß, würde sie dann nicht im Kampf mit den anderen Wellen aufschreien vor Angst und Verzweiflung, wenn sie gequetscht und gestoßen hinab in die Tiefe stürzt? Könnte aber diese einzelne Welle sehen, daß sowohl oben wie unten wie auch in all den anderen Wellen nichts existiert als Ozean, gäbe es dann noch dieselben Probleme, dieselbe Angst? Wenn die Winde der Leidenschaft zur Ruhe gekommen sind, ist da nichts als der lebendige Ozean. O ja, der Tod ist Erfüllung. Unsere Übung des Zen-Wegs und die Meditation führen uns sukzessive dahin und öffnen uns die Augen dafür.

Heutzutage ist der Tod von Furcht umstellt. Durch die Medien werden wir täglich bis zum Überdruß mit dem gewaltsamen Tod konfrontiert, was unsere Angst nur noch vermehrt. Wir sterben nicht mehr auf natürliche Art zu Hause im Bett und begleiten unsere Angehörigen nur selten in ihren letzten Stunden. Sterben ist uns nichts Vertrautes, wir sehen und erleben es nicht mehr. Wir sträuben uns gegen den Tod, denn wir sehen nur das Gewaltsame an ihm, das uns Angst macht. Und dabei gibt es die natürliche, offene Bereitschaft, wenn das Ende naht, es gibt die Würde und Majestät des Todes, von der wir nichts mehr wissen. Wir haben uns wirklich der Heimat entfremdet, nach der wir uns sehnen. Wir haben uns selbst unseres Erbteils beraubt und leben das Leben nicht in seiner Fülle. Weil wir nicht mehr die Würde in einem toten Antlitz sehen, wagen wir nicht, dem Tod ins Gesicht zu sehen, und können deshalb auch nicht erfüllt sterben.

Als Kind lebte ich in einem entlegenen ländlichen Gebiet. Die Menschen starben zu Hause, und obwohl sie ganz sicher keine Heiligen waren, wußten sie aufgrund ihrer Nähe zur Natur, wann der Tod kam. Ein Hausvater ordnete noch sein Hauswesen, oft regelte er sogar alles für das eigene Begräbnis und gab genau an, was es zu essen geben sollte, wieviel Bier und Wein für die Veteranen und Feuerwehrleute bereitzustellen sei sowie für all die anderen, die hinter dem Sarg hergehen und sich danach zum Leichenschmaus zusammenfinden würden. Wenn er dann seine weltlichen Geschäfte abgeschlossen und seinen Frieden mit Gott gemacht hatte, konnte er, umgeben von seiner Familie, vertrauensvoll und in Frieden in den Tod gehen. Und die Totenwache gab den Angehörigen Zeit, dem Erlebten nachzusinnen, es bewußt werden zu lassen, und erhob die persönliche Trauer zu einer menschlichen Erfahrung von «bleibender Bedeutung».

Wir lesen in den Zen-Texten, daß die Meister wußten, wann ihr Ende nahte, und daß sie im Angesicht des Todes ihr Abschiedsgedicht schrieben. Das rief in mir die Erinnerung an meine Kindheit wach und wie man in meinem Dorf dem Tod begegnete. Und als es später ein kleines Krankenhaus in der nächsten Stadt gab, brachte der Krankenwagen die Leute nicht nur dorthin, sondern die Sterbenden auch nach Hause. Der Arzt hatte es ihnen nicht gesagt. Sie wußten es selbst und baten gewöhnlich darum, zum Sterben heim zu dürfen – ein Wunsch, der niemals abgelehnt wurde.

Kurz bevor ich Japan verließ, erwähnte ich das dem Meister gegenüber, unter dem ich mich geschult hatte. Er nickte: «Solche Dinge sollten Sie den Menschen erzählen, wenn Sie wieder zu Hause sind.»

In der Übung des Annehmens im Alltag lernen wir auch die Freude des Gehorsams und seine weitreichenden Auswirkungen. Ein Ich mit starken Wünschen kann niemals klar sehen, denn das Verlangen macht blind und verstellt uns die Wirklichkeit. Das gilt nicht nur für grobe Begierden, sondern ganz allgemein für jede Art von starker Neigung oder Abneigung – egal, wie altruistisch diese auch sein oder scheinen mag. Daher die Lehre vom Nicht-Ich. Daher die Schulungsdisziplin, um das Ich daran zu gewöhnen, mich und meine Überzeugungen nicht so wichtig zu nehmen. *Ich* bin auf ewig abgesondert und getrennt, immer dabei, mich zu verteidigen, immer voller Verlangen, weil mir Ruhe und Sicherheit fehlen, und deshalb immer in Angst. Befreiung heißt nicht, frei zu sein von dem, was ich nicht mag. Wenn ich das, was ich nicht mag, annehme und erdulde, bewirkt das die Umwandlung der emotionalen Energie. Das ist Erlösung vom Ich und von den Scheuklappen meiner begrenzten Sichtweise. Ganz natürlich öffnen sich dann die Augen klarem, umfassendem Sehen, und das Herz öffnet sich der ihm eigenen Freude und Wärme. Bin *ich* erst einmal aus dem Weg, wird das, was ist, offenbar. Ich und meine Ängste stürzen in den tiefsten Bewußtseinsgrund. Was ich bisher als Furcht betrachtete, wird nun als die grenzenlose Liebe des Herzens erkannt, in der sowohl «ich» als auch «das/der andere» verschwinden.

Die ersten Einsichten stellen sich verhältnismäßig leicht ein. Aber die wirkliche Umwandlung, die andauert und zu einer natürlichen Haltung im Leben wird, erfordert lange und geduldige Übung – und auch aufrichtige Ehrfurcht, ohne die nichts vollendet werden kann.

In diesem klaren Sehen gibt es kein Urteilen. Aber da das Sehen klar ist, werden ganz sicher auch die Unterschiede deutlich wahrgenommen. Die Auffassung, «es ist doch alles gleich», führt zurück in die Ausgangsignoranz, zurück zur inneren Kraftlosigkeit und der damit einhergehenden Emotionalität.

Klares Sehen ist das Ende von Angst und Unfrieden

in der Fülle des Herzens. Freude und Dankbarkeit sind seine Begleiter. Das ist das Ziel des Zen-Wegs. Damit sind wir wieder bei den Grundaussagen der buddhistischen Lehre. Denn ganz sicher muß ein Weg, der zur Überwindung des Leidens führt, in Freude enden. Das ist die Botschaft des Buddhismus, und sie ist für jeden da, der sich zu diesem Übungsweg hingezogen fühlt, heute wie eh und je.

Schlußbemerkung

Der Zen-Weg ist ein Übungsweg, der von jeher all jenen offenstand, die den Wunsch hatten, ihn zu gehen, und die auf die damit verbundenen Anstrengungen entsprechend vorbereitet waren. In China wie in Japan zählten Kaiser und Staatsmänner ebenso wie namhafte Künstler zu seinen Anhängern. Berufssoldaten folgten ihm, um die Todesfurcht zu überwinden und ihre Kraft zu steigern. Laien der verschiedensten Stände haben auf diesem Weg ihre Talente und ihre Kreativität entdeckt, und als Lebenseinstellung hat Zen die fernöstliche Kunst und Kultur tiefgreifend beeinflußt. Als Übungs- und Schulungsweg war er jedoch immer in der Hand von «Profis», die als Meister an bestimmten Stätten wirkten, um Schüler mit diesem Leben vertraut zu machen und sie darin zu verankern, sei es, daß diese zunächst nur für einige Tage die Atmosphäre zu erkunden suchten oder sich für Wochen und Monate, ja auch für viele Jahre der Übung unterziehen wollten. Zen ist ein Schulungsweg, und als solcher legt er Wert darauf, daß bewährte Lehrer den Übenden zur Verfügung stehen. In seiner über tausendjährigen Geschichte hat sich ein Erfahrungsschatz angesammelt, der menschliches Streben und menschliche Entwicklungsmöglichkeiten ebenso kennt wie menschliche Schwachheit, menschliche Schwierigkeiten und menschliche Torheit, besonders aber die immer wiederkehrenden Hindernisse, die diesen Pfad säumen. Und man weiß aufgrund dieser Erfahrung, wie mit ihnen umzugehen ist und wie sie überwunden werden können. Um nicht irre zu gehen, braucht der Schüler auf diesem Weg einen kundigen Führer, aber gehen muß er ihn selbst.

Sollte Zen im Westen Fuß fassen, werden solche Schulungsstätten notwendig sein und auch entstehen. Und sollte der Sache Zukunft beschieden sein, dann müssen kundige Lehrer, die die Schulung des Weges wirklich verinnerlicht haben, diese Zentren leiten. Zen ist eine Lebenshaltung, aber zuerst und vor allem ist es ein religiöser Weg.

Um es noch einmal zu sagen: Der Zen-Weg ist nicht verschieden oder getrennt vom buddhistischen Weg, der der Weg des Buddha ist. Als eine Richtung des Buddhismus nennt er sich die Buddha-Herz-Schule. Der Buddha war ein Mensch, der durch seine Ausdauer und Hingabe den Weg zum HERZEN fand, dem menschlichen, dem zutiefst eigenen Herzen. Er selbst erkannte, daß er nur einen alten Pfad, der zu einer alten Stadt führt, wiederentdeckt hatte. Ihm selbst war klar, daß er nichts Neues gefunden hatte. In Wahrheit ist der Zen-Weg so alt wie das HERZ selbst. Und infolgedessen ist er auch immer wieder neu zu entdecken, wie überwachsen oder vergessen er auch sein mag.

Dieses HERZ ist nicht der Besitz der Zen-Schule. Denn obgleich Zen einen spezifischen Weg zu diesem Ziel lebendig erhalten hat, der von Menschen, die sich nicht beirren lassen, gegangen werden kann und der vielleicht direkter verläuft als die meisten anderen, so ist er gewiß nicht der einzige Weg. Die Zen-Schule ist sich dessen wohl bewußt und vertritt die Ansicht, daß es das Zen des gewöhnlichen Menschen gibt, des «Bauern, der jeden Tag davon Gebrauch macht, aber nichts davon weiß», dann das Zen der «anderen Wege», der anderen religiösen Traditionen. Und es gibt das Zen der verschiedenen buddhistischen Richtungen und schließlich das Zen des Zen-Weges. Man kann es nicht redlicher ausdrücken.

Zen ist ein Weg, der viel verlangt, aber er führt in die Tiefe und zum Licht, um klar zu sehen, was ist, wenn der Schleier weggezogen ist. Und er führt zur Wärme des Herzens, die anrührt und Menschen wachsen läßt. So ist er ein Weg, der allen Lebewesen in Freude dient. Dieses Dienen ist nach den Worten eines zeitgenössischen Zen-Meisters nie zu Ende. Und das muß auch so sein, denn es erstreckt sich in die Zukunft, hin auf ein Ende allen Leids und hin zum Frieden für jedes Lebewesen.

Hier verneigt sich das Herz in tiefer Dankbarkeit. Dankbarkeit den Lehrern gegenüber, der langen Linie der Patriarchen durch all die Generationen sowie dem ersten Meister, dem alle folgten, dem Buddha, dem Allerleuchteten, dem Allbarmherzigen. Es ist das eine lange lebendige Kette. Und so neigt sich das Herz auch in tiefer Dankbarkeit vor dem Glied der Kette, das als Werkzeug dazu diente, ein Herz auf dem Weg zu leiten und zu formen, ein Herz, das in überströmender Dankbarkeit weiß, daß es all das nie zurückzahlen kann. Neun Niederwerfungen vor dem Meister – und möge die so befreite Wärme andere Herzen anrühren, sie anregen und ermutigen, den WEG zu gehen.